DATE DUE

NC

German
Root Lexicon

MIAMI LINGUISTICS SERIES

No. 1. Raven, Frithjof A.; Legner, Wolfram K.; and King, James C. *Germanic Studies in Honor of Edward Henry Sehrt.*

No. 2. Palmer, F. R. *A Linguistic Study of the English Verb.*

No. 3. Nash, Rose. *Multilingual Lexicon of Linguistics and Philology: English, Russian, German, French.*

No. 4. Navarro, Tomás. *Studies in Spanish Phonology.*

No. 5. Greenbaum, Sidney. *Studies in English Adverbial Usage.*

No. 6. Meillet, Antoine. *General Characteristics of the Germanic Languages.*

No. 7. Cohen, Marcel. *Language: Its Structure and Evolution.*

No. 8. Benveniste, Emile. *Problems in General Linguistics.*

No. 9. von Humboldt, Wilhelm. *Linguistic Variability and Intellectual Development.*

No. 10. Greenbaum, Sidney, and Quirk, Randolph. *Elicitation Experiments in English: Linguistic Studies in Use and Attitude.*

Miami Linguistics Series No. 11

German
Root Lexicon

by Howard H. Keller

University of Miami Press
Coral Gables, Florida

Copyright © 1973 by
University of Miami Press

Library of Congress Catalog Card No. 72-85112

ISBN 0-87024-244-X

All rights reserved, including rights of reproduction
and use in any form or by any means, including the making
of copies by any photo process, or by any electronic or
mechanical device, printed or written or oral, or recording
for sound or visual reproduction or for use in any knowledge
or retrieval system or device, unless permission in writing
is obtained from the copyright proprietors.

Manufactured in the United States of America

PF
3580
K4

Für Helga

3x

Contents

Acknowledgments

THE MAJOR PART of thanks for this lexicon goes to Dr. William Freeman Smith, Jr. Smith, our university's champion of computer science, advocates that anything goes better with the computer. He worked out all the intricate programs and computer routines used to process our 16,000 words and assign them to their root families. This lexicon exists only because of Smith's generosity and his willingness to help colleagues without regard for time or limit.

A deep acknowledgment of gratitude must be made to Dr. Walter E. Blackburn, Dean of Arts and Sciences. He has shown great confidence in language studies, and his encouragement was a major factor in this research project.

The research for this lexicon was financed by a grant from Murray State University's Committee on Institutional Studies and Research. I wish to thank the committee, its chairman Dr. Kenneth Harrell, and the director of the Murray State Foundation, Mr. Billy J. Puckett, for their support for my research and for their willingness to approve the many unforeseen additional expenses involved in working with the computer.

Special thanks also go to Dr. Thomas Hogancamp, Vice President for Administrative Affairs, to Mr. William Sams, Director of the Computer Center, and to Bill Coker, Operations Manager, for their cooperation and support in the use of the computer.

My final and deepest thanks go to my wife, Helga, who worked with me through all the tedious weeks of checking data sheets, removing keypunch errors, rechecking corrections, and comparing the final output against the original source material. When my patience would wear thin, Helga was always there with her good humor and encouragement to see that everything was finally accomplished.

Samuel Johnson once said that dictionaries are like watches: the worst is better than none, and even the best cannot always be expected to go quite true. Watches have improved in the past 300 years, but

dictionaries still contain faults. I take full responsibility for any lacunae, errors, and faulty root assignments that may have made it through our computer checks and data runs.

                                                        Howard H. Keller

Murray, Kentucky
June, 1973

Introduction

THE *German Root Lexicon* is a computer listing of the 15,900 prefixed words contained in Gerhard Wahrig's *Deutsches Wörterbuch.* The study presents a listing of all prefixed roots of the German language arranged in alphabetical order according to the root, then the prefix, and then the suffix. The root ordering differs from a normal dictionary in that a word is listed under its root rather than under its prefix. The difference from a "tergo" or reverse dictionary is that all members of a root family are listed together, rather than in different sections, such as verbs (under -en), nouns (under -ung), adjectives (under -lich), etc.

The lexicon, which was designed to be a basic reference work, gives a complete listing of the highly productive root structure of the German language. Prefixes account for 1,042 of the 3,932 columns in Wahrig's dictionary. Several of the more productive families (FAHR, HALT, KOMM, LASS, LEG, SETZ, STAND) run to more than 100 members, and there is a relatively small percent of one-member families in the study.

Selection of Words

Gerhard Wahrig's *Deutsches Wörterbuch*[1] was chosen as the single source for this list because, first, it offers a modern and complete listing of German words. In addition, it presents a realistic choice of lexical items and does not contain large amounts of improbable combinations foreign to the native speaker of German. Finally, Wahrig is a respected authority on the designation of technical terms (Fachausdrücke) and style levels that must be considered in a lexicon of this type.

In establishing a root listing for German I found it imperative to use one single work and to include or exclude words from that work

---

1. Gerhard Wahrig, *Deutsches Wörterbuch* (Gütersloh: Bertelsmann, 1968). Except for slight additions and corrections this "Sonderausgabe" is identical to Wahrig's *Das grosse deutsche Wörterbuch* (Gütersloh, 1966).

according to fixed criteria. If several dictionaries are consulted, or if one work is used but large numbers of words are added and subtracted, the work no longer directly fulfills its original purpose. Such a "mixture" of dictionaries becomes a new work that competes with the several dictionaries that served as its source. If such a reordering were to make its own statement about the authenticity of large numbers of German words, it would distract from the original purpose of laying bare the root structure of German.

Thus, the *German Root Lexicon* is a reordering of Wahrig and will share the merits and failings of Wahrig.[2] The work contains etymological information in the form of *siehe* statements that link larger families together (SPRACH and SPRUCH to SPRECH, SCHLOSS and SCHLUSS to SCHLIESS, etc.), but this information is intended to supplement the root descriptions and not to establish new statements or theories in word origins and developments.

Only prefixed simple stems are included (Abzug, Anzug, Aufzug, etc., but not der Zug); prefixed compound stems are excluded (Abbau, abbauen, Abbauten, but not Abbaufeld, Abbaugerechtigkeit, Abbauprodukt, abbaureif, and Abbausohle). Compound nouns are for the most part synthetic attachments of two separate words and do not often present a new idea that is not easily inferred from the two roots that make up the new word. Those compound words that do have a special meaning of their own, independent of the meaning of their two subordinate roots, are included and are listed with a dash (e.g., HEI-RAT, WILL-KOMMen).

All the common frequent prefixes have been included in this study. Those less frequent particles that do not describe relations of time and space have been omitted (bloss, fest, frei, gut, etc.).

Certain prefixes such as EIN or LOS have similar forms that are not prefixes. EIN[1] 'one' has been excluded, but EIN[2] 'in, into' has been included. LOS[1] 'lot, share' has been excluded, but LOS[2] 'away, off, out' has been included. The appendix presents a complete list of all prefixes.

Foreign words that are not a part of the German morphological

2. Cf. the reviews of Wahrig by Claude David, *Etudes Germaniques*, 22 (1967), p. 611; Robert Hinderling, *Germanistik*, 8 (1967), pp. 725-26; William F. Klatte, *Modern Philology*, 66 (Nov. 1968), pp. 193-96; Francis J. Nock, *Journal of English and Germanic Philology*, 66 (July 1967), pp. 396-98; Rodney Swenson, *Modern Language Journal*, 53 (Feb. 1969), pp. 130-31; Hans J. Vermeer, *IRAL*, 6 (1968), pp. 89-93; J. D. Workman, *Monatshefte*, 60 (1968), pp. 85-86.

system have been left out. A good example of this are the many Latin-based words that begin with AB: Abalienation, Abandon, Abbreviation, Abitur, Abrogans, abrupt, absorptiv, Abstention, and abstrus.

Alternative spellings have been omitted. If there are two versions of a word separated only by a comma, the first or more frequently used entry is included, and the second or less frequently used variant is excluded. Thus, Abriegelung, Abtakelung, and abtropfen are included, and their variants Abrieglung, Abtaklung, and abtröpfeln are excluded.

Grammatical variants of past tense forms or participles that are undefined and that merely have an arrow pointing to their main form are not listed. Thus, betraf (betreffen), bewarb (bewerben), bewarf (bewerfen), bewog (bewegen), beworben (bewerben), and beworfen (bewerfen) are not listed. In the latter two cases, the adjectives er-worben and verworfen are listed since they have their own definitions in the dictionary.

Split Roots

All homographs among the roots have been split into their two (or three or four) subgroups and have been listed separately. Thus, KEHR₁ 'turn, go' and KEHR₂ 'sweep' or WEIN₁ 'cry' and WEIN₂ 'wine' are presented as different families. Often a family will have members with very different meanings within its listing (e.g., KRIEG 'get' and 'wage war'; SCHON, obSCHON, SCHONen, and SCHÖN; KOMMen and beKOMMen; beREIT and REITen; etc.), but these families have not been split if all the members are descendants of the same stem.

Certain roots that differ only by the presence or absence of the umlaut are also marked with a 1 or 2 to the left of the word (LOS, LUG, LUNG, SPUL, STATT, STUTZ, WOLL). These words would be separated in this same manner in any event, and it was an arbitrary decision to cause the numerals 1 and 2 to print out.

In the preparation of the computer routines for sorting the roots, it was not possible to consider the umlaut as a letter with a special value of its own or with the value of the letter E. If we could have done this, we would not have had to make a special split for the nine families that differ purely by umlaut, but we would have had to write special programs for the several hundred families whose members contain both umlauted and non-umlauted versions (cg. KAUF, KLAR, KOMM, LASS, LAUF, MUT, etc.).

A guiding rule in writing our programs was that they should be as

simple as possible so that the computer could set up a listing of the forms of German prefixes and suffixes in the most direct manner and with the clearest presentation. Since the study is computerized, every effort has been made to let the computer itself find the most natural *formal* structure in the data.

Etymological Information

This work does not intend to take the place of an etymological dictionary. Cognates and ablaut variants of major families have been listed separately in their own subfamilies, but with a *siehe* reference to their main root. Thus, BRUCH has 12 members and they are in turn related to BRECH; SCHRIFT has 21 members which are in turn part of SCHREIB.

These assignments were based on Friederich Kluge, *Etymologisches Wörterbuch der deutschen Sprache, 20. Auflage*. My approach to making cognate *siehe* assignments has been conservative. I have not listed FAHR and FÜHR together, since they each have so many of their own members. FLIEG and FLIEH have been listed separately, since they each have stems assigned to them (FLUG and FLUCHT).

The target form of a *siehe* assignment is usually the source word for the variants presented. If a more basic form is not present in the study, no *siehe* assignment is made. For example, there are no members of the forms FADEN, GELB, MUS, REGEN, or WURST in the study, and so it is not possible to mark the families or words fädeln, vergilben, Gemüse, regnen, or wursteln with *siehe* statements.

Derived Stems

The suffixes -el-, -er-, -ier-, -ig-, and -lich- provide large additional subgroups within many families. The majority of these suffixes are derivational and form verbs, participles, or participial adjectives from nouns, adjectives, or other verbs. For example, berechtigen and berechtigt are part of the already extensive RECHT family.

Since these deverbative and denominative derivational suffixes often contain a certain meaning of their own (-el-, for example, can have a diminutive or iterative force), and since they form a more complete stem with this added meaning, they have been listed in the same family as the non-derived stem, but they follow the listing of the simple root. This subgrouping of suffixed stems below non-suffixed stems has

the advantage of keeping the general family together while keeping the derived stems separate from non-derived stems. The subgrouping also makes a consistent formal presentation of first simple stems and then derived stems. This formal simplicity also makes it possible for the computer to process and sort both simple and compound stems with a minimum of extra programming statements.

A last reason for not merging suffixed stems with non-suffixed stems is that there are many cases when a deverbative or denominative suffix forms a stem that differs completely from its homographic non-suffixed stem. For example, the stems DOS IER, HAUS EL, LAMM ER, LAND ER, LAUT BAR, LOG IER, NOT IER, POL IER, RAD IER, RAS IER, STAMM EL, STOPP EL, SUD EL, SUND IG, WIMM ER have meanings that differ completely from the stems DOS, HAUS, LAMM, LAND, LAUT, etc.

Abbreviations

NM	masculine noun	(der)
NF	feminine noun	(die)
NN	neuter noun	(das)
NP	plural noun	(die-PL)

A	adjective
AV	adverb
P	preposition
C	conjunction

A	archaic or obsolete
B	business or trade
C	chancery
G	grammatical term
H	hunting term
I	rare
L	legal
M	military
N	nautical
O	sport
P	poetic
S	slang
T	technical or scientific

AU	Austrian
CH	Swiss
LG	lower German
NG	north German
RH	Rhine
UG	upper German

German
Root Lexicon

ver aas en	S	

fort ab	AV		
her ab	AV		
hin ab	AV		
vor ab	AV		
da hin ab	AV		

Vor abend NM

Hinter achs e
Vorder achs e
be acht en
be acht lich
Be acht ung
er acht en
miss acht en
Miss acht ung
Ob acht NF
un acht sam
Un acht sam keit
ver acht en
Ver ächt er
ver ächt lich
Ver ächt lich keit
Ver acht ung
un be acht et
un ge acht et P
be ob acht en
Be ob acht er
Be ob acht ung
un be ob acht et

auf acker n
be acker n
'durch acker n
'um acker n

Ur adel NM

Ge äder NN

'um adress ier en

nach äff en
Nach äff erei

Ge äfter NN

nach ahm en
Nach ahm er
Nach ahm ung
un nach ahm lich

1 er ahn en
1 Vor ahn ung
1 vor aus ahn en
1 un ge ahn t

2 un ähn lich
2 Ur ahn NM

2 Ur ahn e NM
2 Ur ahn e NF
2 Ur ahn en NP
2 Ur ur ahn NM
2 an ähn el n

Voll aktie NF

Vor alarm NM

ver alber n S
Ver alber ung S
her um alber n S

über all AV

ver all-gemein er n
Ver all-gemein er ung

ur alt A
Ur alt er NN
ver alt en

ALTER: siehe ALT
über alter t
UEber alter ung

Aussen amt NN
ausser amt lich
Be amt e
Be amt en schaft
Be amt en tum
be amt et
Be amt in
Erz ämt er NP
Fern amt NN
Neben amt NN
Unter be amt er
ver be amt en S

dar an AV
fort an AV
her an AV
hin an AV P
neben an AV
vor an AV

ab änder lich
ab änder n
Ab änder ung
'um änder n
Um änder ung
ver änder bar
ver änder bar lich
Ver änder bar lich keit
ver änder n
sich ver änder n
Ver änder ung
un ab änder lich
un ver änder bar
un ver änder lich
Un ver änder lich keit

```
           un ver änder t                          'um arbeit en
                                                    Um arbeit ung
        sich ab ängst ig en                        ver arbeit en
           be ängst ig en                          Ver arbeit ung
           Be ängst ig ung                         Vor arbeit         NF
          ver ängst ig en          I               vor arbeit en
                                                    Vor arbeit er
          ver anker n                            weiter arbeit en
          Ver anker ung                        Zusammen arbeit         NF
                                                zusammen arbeit en
       Aussen antenne        NF               sich her an arbeit en
       Innen antenne         NF              sich her auf arbeit en
                                              sich hin auf arbeit en
           be antwort en                         her aus arbeit en
           Be antwort ung                  sich hin durch arbeit en
          Rück antwort        NF            sich hin ein arbeit en
          über'antwort en                      ent gegen arbeit en
          UEber antwort ung                      un ver arbeit et
          ver antwort en
     sich ver antwort en                       Innen architekt      NM
          ver antwort lich                     Innen architekt ur      NF
          Ver antwort lich keit
          Ver antwort ung                          ver arg en
          ver antwort ung s los                    ver ärg er n
          Ver antwort ung s los ig keit            Ver ärg er ung
          ver antwort ung s voll              sich her um ärg er n         S
        un be antwort et
      mit ver antwort lich                         be arg-wöhn en
      Mit ver antwort ung
       un ver antwort bar                          erz arm        A
       un ver antwort lich                       Neben arm        NM
       Un ver antwort lich keit                   Ober arm        NM
                                                 um'arm en
          ver äppel n         S                   Um arm ung
                                                Unter arm        NM
                                                  ver arm en
           un appetit lich                         Ver arm ung

           ab arbeit en
        sich ab arbeit en                        UEber ärmel        NM
           auf arbeit en
           aus arbeit en                           Ab art        NF
        sich aus arbeit en                          ab art en
           Aus arbeit ung                           ab art ig
           be arbeit en                            aus art en
           Be arbeit er                            Aus art ung
           Be arbeit ung                           ent art en
         'durch arbeit en                          Ent art ung
      sich 'durch arbeit en                        miss art en
           ein arbeit en                           Miss art ung
           Ein arbeit ung                          nach art en
           er arbeit en                            rück art ig
           Er arbeit ung                            Un art        NF
           hin arbeit en                            un art ig
           los arbeit en                            Un art ig keit
           Mit arbeit       NF                   Unter art        NF  T
           mit arbeit en
           Mit arbeit er                           Ober arzt        NM
          nach arbeit en                          Unter arzt        NM
         Neben arbeit        NF                     ver arzt en              S
          über'arbeit en
      sich über'arbeit en                           ent asch en
         UEber arbeit ung                           Ent asch ung
```

----

ver asch en	über'back en
Ver asch ung	zusammen back en S
ein äsch er n	Hinter backe NF
Ein äsch er ung	
	aus bad en
auf ast en	Voll bad NN
sich ver äst el n	
Ver äst el ung	aus bagger n
	Aus bagger ung
un ästhet isch	
	BAH: siehe BACK
auf at m en	auf bäh en
aus at m en	
Aus at m ung	an bahn en
be at m en	An bahn ung
'durch at m en	Neben bahn NF
ein at m en	
Ein at m ung	auf bahr en
	Auf bahr ung
ein ätz en	
ver ätz en	aus bak en N
Ver ätz ung	be bak en
weg ätz en	
	aus balanc ier en
dar auf AV	
her auf AV	aus baldower n S
hin auf AV	
voll auf AV	sich her um balg en S
vor auf AV	
da hin auf AV	Ge bälk NN
be äug en	zusammen ball en
	sich zusammen ball en
ver auktion ier en	Zusammen ball ung
Ver auktion ier ung	
	zu baller n S
dar aus AV	
durch aus AV	ver ballhorn en
her aus AV	Ver ballhorn ung
hin aus AV	
über aus AV	ein ball ier en
vor aus AV	
Vor aus NM	ein balsam ier en
da hin aus AV	Ein balsam ier ung
weit hin aus AV	
	BAND: siehe BIND
sich ent äusser n	Ein band NM
Ent äusser ung	Un band NM
Rück äusser ung	un bänd ig
ver äusser lich	Ver band NM
ver äusser n	An band el ei
Ver äusser ung	an band el n
un ver äusser lich	An band el ung
Un ver äusser lich keit	be bänd er n
ver äusser lich en	An band l ung
an back en	ver bann en
auf back en	Ver bann ung
aus back en	
'durch back en	ge bär en 1
durch'back en 1	Ge bär erin
Ge bäck NN 1	

2	Nach bar	NM			Rück bau	NM		
2	Nach bar in				UEber bau	NM		
2	nach bar lich				'Über bau en			
2	Nach bar schaft				Über'bau en			
2	be nach bar t				Um bau	NM		
					'um bau en			
3	un bar	A			um'bau en			
					Unter bau	NM		
4	BAR: siehe BARD				unter'bau en			
4	Ge bar en	NN			ver bau en			
4	sich ge bar en	I			sich ver bau en		S	
					Voll bau er			
	Ge bärd e	NF			Vor bau	NM		
	sich ge bärd en				vor bau en			
	un ge bärd ig				zu bau en			
	Un ge bärd ig keit				Zusammen bau	NM		
					zusammen bau en			
	Er barm en	NN			Zwischen bau	NM		
	er barm en				Wieder auf bau	NM		
	Er barm er	P			wieder 'auf bau en			
	er bärm lich				un be bau t			
	Er bärm lich keit				Hinter ge bäu de		NN	
	Er barm ung				Neben ge bäu de		NN	
	er barm ung s los				Vorder ge bäu de		NN	
	Er barm ung s los ig keit							
	er barm ung s voll				aus bauch en			
					Aus bauch ung			
	un barm-herz ig				Ober bauch	NM		
	Un barm-herz ig keit				Unter bauch	NM		
	ver barrikad ier en				BAUER: siehe BAU			
					ver bauer n		S	
	Voll bart	NM			auf baum en		H	
	für bass	AV	P		auf bäum en		T	
					sich auf bäum en			
	ent bast en				auf bausch en			
	her um bastel n		S		er beb en			
	Ab bau	NM			Fern beb en		NN	
	ab bau en							
	Ab bau ten	NP			Vor beck en		NN	T
	An bau	NM			ab beer en			
	an bau en							
	Auf bau	NM			ent behr en			
	auf bau en				ent behr lich			
	Auf bau ten	NP			Ent behr lich keit			
	Aus bau	NM			Ent behr ung			
	aus bau en				un ent behr lich			
	be bau en				Un ent behr lich keit			
	Be bau ung				an bei	AV		
	Ein bau	NM			da bei	AV		
	ein bau en				her bei	AV		
	er bau en				neben bei	AV		
	sich er bau en				vor bei	AV		
	Er bau er							
	er bau lich				Ge bein		NN	
	Er bau lich keit				Hinter bein		NN	
	Er bau ung				UEber bein		NN	
	Ge bäu de	NN						
	Ober bau	NM						

Vorder bein	NN		sich 'durch bettel n	
			er bettel n	
ab beiss en			zusammen bettel n	
an beiss en				
auf beiss en			nieder beug en	
aus beiss en			un beug bar	
durch'beiss en			un beug sam	
'durch beiss en			Un beug sam keit	
sich 'durch beiss en			ver beug en	
ver beiss en			Ver beug ung	
zer beiss en			vor beug en	
zu beiss en			sich vor beug en	
zusammen beiss en			Vor beug ung	
her aus beiss en			zurück beug en	
hin ein beiss en			her ab beug en	
auf ein ander beiss en			sich her aus beug en	
			sich hin aus beug en	
ab beiz en			un ge beug t	
			sich da nieder beug en	
Ge belf er	NN S			
			aus beul en	
an bell en			Aus beul ung	
Ge bell	NN		ver beul en	
ver bell en				
			Aus beut e	
ver berg en			aus beut en	
			Aus beut er	
auf besser n			Aus beut ung	
Auf besser ung			er beut en	
aus besser n				
Aus besser ung			aus beutel n	
Ver besser er	I		'durch beutel n	
ver besser n				
Ver besser ung			sich an bieder n	
un ver besser lich				
			ab bieg en	
ab bet en			auf bieg en	
an bet en			aus bieg en	
An bet er			'durch bieg en	
An bet ung			ein bieg en	
er bet en	A		hin bieg en	S
er bet en			nieder bieg en	
Ge bet	NN		'um bieg en	
her bet en	S		ver bieg en	
nach bet en	S		Ver bieg ung	
Nach bet er	S		zurück bieg en	
vor bet en			her um bieg en	
Vor bet er				
An ge bet ete			Voll bier	NN
un ge bet en	A			
			ver biest er t	S
ein beton ier en				
			an biet en	
auf bett en			sich an biet en	
ein bett en			auf biet en	
Ober bett	NN		Auf biet ung	
'um bett en			aus biet en	
Um bett ung			Aus biet ung	
Unter bett	NN		dar biet en	
			Dar biet ung	
ab bettel n			ent biet en	
an bettel n			sich er biet en	

-- --

```
        Ge biet      NN                    be bild er n
        ge biet en                        Be bild er ung
        Ge biet er                       ver bild lich en
        Ge biet erin
        ge biet er isch                   Un bill      NF
     über'biet en                         un bill ig
     UEber biet ung                       Un bill ig keit
     unter'biet en                       miss bill ig en
     Unter biet ung                      Miss bill ig ung
       ver biet en                        ver bill ig en
     An er biet en       NN               Ver bill ig ung
 sich an er biet en                       zu bill ig en
                                          Zu bill ig ung

     Unter bilanz      NF
                                          Ge bimm el
        Ab bild     NN
        ab bild en                       ver bims en            S
        Ab bild ung
       aus bild en                        ab bind en
  sich aus bild en                        an bind en
       Aus bild er                        auf bind en
       Aus bild ung                       ein bind en
    'durch bild en                        ent bind en
     Durch bild ung                       Ent bind ung
   sich ein bild en                       Ge bind e      NN
        Ein bild ung                     los bind en
       fort bild en                      um'bind en
       Fort bild ung                     'um bind en
        Ge bild e      NN             unter'bind en
        ge bild et                        ver bind en
        Ge bild ete                       Ver bind er
      Gegen bild      NN                  ver bind lich
       miss bild en                       Ver bind lich keit
       Miss bild ung                      Ver bind ung
       Nach bild      NN                  vor bind en            S
       nach bild en                       zu bind en
       Nach bild ung               zusammen bind en
       Rück bild ung                   An ge bind e      NN
       'um bild en                   her um bind en           S
        Um bild ung                 Fern ver bind ung
        Un bild en       NP             un ver bind lich
        Un bild ung                      Un ver bind lich keit
        Ur bild      NN
       ver bild en                        Ge birg e      NN
       Ver bild ung                       ge birg ig
       Vor bild      NN                   Ge birg ler
       vor bild en                     Vor ge birg e      NN
       vor bild lich
       Vor bild lich keit                 BIS: siehe BISCHOF
       Vor bild ung                   Erz bis tum      NN
     weiter bild en
     Weiter bild ung                  Erz bischof      NM
 sich zurück bild en                  erz bischöf lich
     Zurück bild ung
        her an bild en                    BISS: siehe BEISS
        ein ge bild et              Ein biss      NM
        Ein ge bild et heit     S    Ge biss      NN
       miss ge bild et              Im biss      NM
       rück ge bild et              Ver biss      NM
         un ge bild et              ver biss en      A
         un ver bild et             Ver biss en heit
      un aus ge bild et
```

```
-------------------------------------------------------------------------
        Ab  bitt  e                        ab  blatt  en
        ab  bitt  en                       an  blatt  en
       aus  bitt  en                      Bei  blatt         NN
        er  bitt  en                    Nieder  blätt  er       NP  T
       Für  bitt  e                       über'blatt  en
       für  bitt  en                      UEber  blatt  ung
       Für  bitt  er                        ver  blatt  en
       Für  bitt  erin                      Ver  blatt  ung
     Gegen  bitt  e                         Vor  blatt        NN
       her  bitt  en                         ab  blätt  er  n
       ver  bitt  en                        auf  blätt  er  n
   her  auf  bitt  en                    'durch  blätt  er  n
   hin  auf  bitt  en                       ent  blätt  er  n
   her  aus  bitt  en                  sich  ent  blätt  er  n
   her  ein  bitt  en                       'um  blätt  er  n
      Rück  er  bitt  ung     C             ver  blätt  er  n
        un  er  bitt  lich               her  um  blätt  er  n
        Un  er  bitt  lich  keit
 zurück  er  bitt  en                       ver  bläu  en
 Zurück  er  bitt  ung
   her  über  bitt  en                       an  bleck  en
   hin  über  bitt  en
   her  unter  bitt  en                      ver  blei  en
   hin  unter  bitt  en
                                            auf  bleib  en
        er  bitter  n                       aus  bleib  en
        Er  bitter  ung                      da  bleib  en
       ver  bitter  n                       fern  bleib  en
       Ver  bitter  ung                     fort  bleib  en
                                            nach  bleib  en
        an  blaff  en      S               Rück  bleib  sel     NN
                                           'über  bleib  en
       auf  blüh  en                       UEber  bleib  sel
       Auf  blüh  ung                      übrig  bleib  en
                                         unter'bleib  en
        ab  blas  en                        Ver  bleib        NM
       auf  blas  en                        ver  bleib  en
       aus  blas  en                        weg  bleib  en
       Aus  bläs  er                         zu  bleib  en          S
    'durch  blas  en                      zurück  bleib  en
       ein  blas  en                    zusammen  bleib  en
       Ein  bläs  er                      un  aus  bleib  lich
      fort  blas  en                       da  bei  bleib  en
        Ge  bläs  e       NN          dar  unter  bleib  en
        Ge  blas  e       NN            da  von  bleib  en
    nieder  blas  en
     'über  blas  en                        ab  bleich  en
      'um  blas  en                        aus  bleich  en
       ver  blas  en          H             er  bleich  en
       weg  blas  en                        ver  bleich  en
   her  aus  blas  en                    un  ge  bleich  t
   hin  aus  blas  en
   hin  ein  blas  en                       ab  blend  en
   auf  ge  blas  en      A                aus  blend  en
   Auf  ge  blas  en  heit                 ein  blend  en
                                         über'blend  en          T
        ab  blass  en                    UEber  blend  ung        T
        an  blass  en                      ver  blend  en
        er  blass  en                      Ver  blend  ung
       ver  blass  en
    ab  ge  blass  t                    'durch  bleu  en          S
                                           ein  bleu  en          S
```

ver	bleu	en	S

An	blick		NM
an	blick	en	
Auf	blick		NM
auf	blick	en	
Aus	blick		NM
aus	blick	en	
Durch	blick		NM
'durch	blick	en	
Ein	blick		NM
er	blick	en	
Fern	blick		NM
Hin	blick		NM
hin	blick	en	
nach	blick	en	
Rück	blick		NM
rück	blick	end	
UEber	blick		NM
über'blick	en		
sich 'um	blick	en	
weg	blick	en	
zurück	blick	en	
her ab	blick	en	
hin ab	blick	en	
her aus	blick	en	
hin aus	blick	en	
her ein	blick	en	
hin ein	blick	en	
um 'her	blick	en	
her über	blick	en	
hin über	blick	en	
her um	blick	en	
her vor	blick	en	

BLIEB: siehe BLEIB
Hinter blieb ene

er blind en
Er blind ung

an blinz el n
zu blinz el n

ab	blitz	en	S
an	blitz	en	
auf	blitz	en	

auf	block	en	H

sich ent blöd en
ver blöd en
Ver blöd ung

Ge blök   NN

ent blöss en
Ent blöss ung

ver blüff en
Ver blüff ung

ab blüh en
auf blüh en
er blüh en
ver blüh en

ge blüm t
ver blüm t
un ver blüm t

aus blut en
durch'blut en
Durch blut ung
Ge blüt   NN
Nach blüt e
nach blut en
Nach blut ung
un blut ig
ver blut en
Ver blut ung
Voll blut   NN
Voll blüt er
voll blüt ig
Voll blüt ig keit
aus ge blut et

ver bock en   S

Ober boden   NM
Unter boden   NM
Zwischen boden   NM

ver bod m en
Ver bod m ung

aus bog en   S

an bohr en
aus bohr en
'durch bohr en
durch'bohr en
Durch bohr ung
ein bohr en
nach bohr en
ver bohr en   S
Ver bohr t heit   S
vor bohr en
Vor bohr ung
her aus bohr en
hin ein bohr en
sich hin ein bohr en

aus boj en   N

ver bolz en

aus bomb en
zer bomb en
Aus ge bomb te

aus boot en
Bei boot   NN N
ein boot en

```
         BOR: siehe BAR 1                    BRAND: siehe BRENN
      ge bor en      A                   Ab brand      NM   T
  an  ge bor en                          Ab bränd l er
 ein  ge bor en      A
 Ein  ge bor ene                             BRANN: siehe BRENN
nach  ge bor en      A                   ab ge brann t
wieder ge bor en     A                   un ge brann t

  aussen bord s      AV                     an brass en                 N

     ab borg en                             an brat en
    aus borg en          S                  auf brat en
    Ge borg en heit                         aus brat en
    ver borg en                           'durch brat en
    ver borg en      A
    Ver borg en heit                        Ge bräu       NN
 zusammen borg en                        zusammen brau en              S
                                    sich zusammen brau en              S
    Nach börs e
    nach börs lich                         auf brauch en
    Vor börs e                             Ge brauch      NM
                                           ge brauch en
    wider borst ig                         ge bräuch lich
                                           Miss brauch    NM
     er bos en                             miss brauch en
   sich er bos en                          miss bräuch lich            C
                                           un brauch bar
     ab büsch en                           Un brauch bar keit
     Ab büsch ung                          Ver brauch     NM
  Aussen büsch ung                         ver brauch en
                                           Ver brauch er
    Erz böse-wicht       NM             un ge bräuch lich
                                        un ge brauch t
         BOT: siehe BIET
     er böt ig                             ab braus en
     Er böt ig keit                        an braus en
     Ge bot        NN                      auf braus en
     Ver bot       NN                    'durch braus en
     ver bot en       A                   durch'braus en
     Vor bot e                             Ge braus       NN   P
  An ge bot        NN                      Ge braus e        NN
  Auf ge bot       NN                     her an braus en
 Gegen ge bot      NN
 Unter ge bot      NN                    sich ab brech en
 Gegen an ge bot   NN                       an brech en
 UEber an ge bot   NN                       auf brech en
 Unter an ge bot   NN                       aus brech en
                                            Aus brech er
   'durch box en                            Bei brech e         T
 sich 'durch box en                       durch'brech en
                                         'durch brech en
1           BRACH: siehe BRECH            ein brech en
1        Ge bräch     NN   T              Ein brech er
                                           er brech en
2           BRACH: siehe BRING            Ge brech en       NN
2      an ge brach t                       ge brech en
2      auf ge brach t                      ge brech lich
2      her ge brach t      A              Ge brech lich keit
2      un an ge brach t     A             los brech en
                                         nieder brech en
       ver bräm en                        um'brech en
       Ver bräm ung                       'um brech en
```

---

unter'brech en
Unter brech er
Unter brech ung
ver brech en
Ver brech en   NN
Ver brech er
Ver brech erin
ver brech er isch
zer brech en
zer brech lich
Zer brech lich keit
zusammen brech en
her aus brech en
her ein brech en
her vor brech en
un zer brech lich
Un zer brech lich keit

aus breit en
sich aus breit en
Aus breit ung
Ge breit   NN
'unter breit en
unter'breit en
ver breit en
Ver breit er
Ver breit ung
weiter ver breit en
aus ein ander breit en
ver breit er n
sich ver breit er n
Ver breit er ung

ab brems en

ab brenn en
an brenn en
auf brenn en
aus brenn en
'durch brenn en
Ein brenn e   SG
ein brenn en
ent brenn en
nieder brenn en
ver brenn en
sich ver brenn en
Ver brenn ung
weg brenn en   S
her unter brenn en
un ver brenn bar

Ge brest en   NN

ver brief en

be brill t

ab bring en
an bring en
auf bring en
aus bring en
bei bring en

dar bring en
'durch bring en
ein bring en
ein bring lich
er bring en
fort bring en
her bring en
hin bring en
hinter bring en   S
hinter bring en
los bring en
mit bring en
Mit bring sel   NN
nach bring en
nieder bring en   T
über'bring en
UEber bring er
'um bring en
'unter bring en
Unter bring ung
ver bring en
voll'bring en
vor bring en
weg bring en
weiter bring en
'wieder bring en
zu bring en
Zu bring er
zurück bring en
zusammen bring en
her ab bring en
her an bring en
un an bring lich
her auf bring en
hin auf bring en
her aus bring en
hin aus bring en
her bei bring en
her ein bring en
hin ein bring en
wieder 'ein bring en
Mit ge bring e   NN   AU
ent gegen bring en
her über bring en
hin über bring en
her um bring en   S
her unter bring en
hin unter bring en
her vor bring en
Her vor bring ung
un wieder bring lich
aus ein ander bring en
'durch ein ander bring en

BROCH: siehe BRECH
un ge broch en   A
un unter broch en   A

ein brock en
ab bröck el n
zer bröck el n

```
Zu brot       NN                        Ge bück       NN  RH

      BRUCH: siehe BRECH                aus buddel n              S
Ab bruch      NM                        ein buddel n              S
An bruch      NM
an brüch ig                             auf bügel n
Auf bruch     NM                        aus bügel n
Aus bruch     NM
Durch bruch   NM                        Neben buhl er
Ein bruch     NM                        Neben buhl erin
Um bruch      NM                        Neben buhl er schaft
Unter bruch   NM
Zusammen bruch NM                       Hinter bühn e
un ver brüch lich                       Unter bühn e          T
Un ver brüch lich keit                  Vor bühn e

über'brück en                           Ge bühr       NF
UEber brück ung                         ge bühr en
un über brück bar                       sich ge bühr en
                                        ge bühr lich
Ge brüder     NP                        Nach ge bühr      NF
Mit bruder    NM                        Neben ge bühr     NF
sich ver brüder n                       Un ge bühr        NF
Ver brüder ung                          un ge bühr lich

ab brüh en                              ver bummel n              S
auf brüh en                             her um bummel n           S
ver brüh en
Ver brüh ung                            Ge bums e     NN  S
ab ge brüh t
                                        BUND: siehe BIND
an brüll en                             Aus bund      NM
Ge brüll     NN                         aus bünd ig               I
                                        Ge bund       NN
ab brumm en        S                    ge bund en        A
an brumm en                             Ge bund en heit
auf brumm en       S                    Ver bund      NM
Ge brumm     NN                         sich ver bünd en
nach brumm en      S                    Ver bund en heit
                                        Ver bünd eter     NM
In brunst    NF                         an ge bund en
in brünst ig                            un ge bund en     A
                                        Un ge bund en heit
an brüt en
aus brüt en                             auf bürd en
be brüt en                              über'bürd en
hin brüt en                             UEber bürd ung

Gegen buch    NN        1        Nach bürg e
gegen buch en          1        Rück bürg e        NM
Gegen buch ung         1        Rück bürg schaft
Neben büch er    NP T  1        ver bürg en
'um buch en            1     un ver bürg t
Um buch ung
ver buch en            2        Mit bürg er
Ver buch ung
                                        BURGER: siehe BURG 2
aus bucht en                            aus bürger n
Aus bucht ung                           Aus bürger ung
ein bucht en                            ein bürger n
Ein bucht ung                           Ein bürger ung
```

ab bürst en	Be dächt ig keit
auf bürst en	be dacht sam
aus bürst en	Be dacht sam keit
	Ge dächt nis
BURT: siehe BAR 1	Ver dacht NM
Ge burt NF	ver dächt ig
ge bürt ig	un be dacht A
Aus ge burt NF	Vor be dacht NF
Miss ge burt NF	un ver dächt ig
Nach ge burt NF	ver dächt ig en
Wieder ge burt NF	Ver dächt ig ung
voll bus ig	ge dack t
Ge büsch NN	ab dämm en
	auf dämm en
ab büss en	ein dämm en
Ein buss e	Ein dämm ung
ein büss en	ver damm en
ver büss en	Ver damm nis NF
Zu buss e	ver damm t
	Ver damm ung
ver butter n	zurück dämm en
zu butter n S	
	auf dämmer n
aus büx en S	hin dämmer n
unter chlor ig	Ab dampf NM
	ab dampf en S
nach christ lich	an dampf en
un christ lich	ein dampf en
Un christ lich keit	Ein dampf ung
ur christ lich	ver dampf en
vor christ lich	Ver dampf er
Wider christ NM	Ver dampf ung
	Voll dampf NM
Ur christ en tum NN	
	1 ab dank en
ver chrom en	1 Ab dank ung
Ver chrom ung	1 sich be dank en
	1 Un dank NM
ab dach en	1 un dank bar
sich ab dach en	1 Un dank bar keit
ab dach ig	1 ver dank en
Ab dach ung	
be dach en	2 DANK: siehe DENK
Be dach ung	2 Ge dank e NM
Ob dach NN	2 ge dank en los
ob dach los	2 Ge dank en los ig keit
Ob dach los er	2 ge dank lich
Ob dach los ig keit	2 Hinter ge dank e NM
über'dach en	2 Neben ge dank e NM
UEber dach ung	
Vor dach NN	sich ab darb en
DACHT: siehe DENK	DARF: siehe DURF
An dacht NF	Be darf NM
an dächt ig	un be darf t S
an dächt ig lich	
an dacht s voll	Ur darm NM T
Be dacht NM	
be dächt ig	nach dat ier en

	rück dat ier en		
	un dat ier t		
	vor dat ier en		
	Vor dat ier ung		
	zurück dat ier en		
	ver datter t	S	
	an dau en		
	An dau ung		
	ver dau en		
	ver dau lich		
	Ver dau lich keit		
	Ver dau ung		
	un ver dau lich		
	Un ver dau lich keit		
	un ver dau t		
1	an dauer n		
1	an dauer nd	A	
1	Aus dauer	NF	
1	aus dauer n		
1	aus dauer nd		
1	er dauer n	CH	
1	Er dauer ung	CH	
1	Fort dauer	NF	
1	fort dauer n		
1	über'dauer n		
2	be dauer lich		
2	be dauer n		
	ab deck en		
	Ab deck er		
	Ab deck erei		
	auf deck en		
	Auf deck ung		
	be deck en		
	Be deck er		
	Be deck ung		
	ein deck en		
	ent deck en		
	Ent deck er		
	Ent deck ung		
	Ge deck	NN	
	Hinter deck	NN	
	Ober deck	NM	
	UEber deck e		
	über'deck en		
	UEber deck ung		
	Unter deck	NN	
	Ver deck	NN	
	ver deck en		
	Vor deck	NN	
	Vorder deck	NN	
	Zu deck e	S	
	zu deck en	S	
	Zwischen deck	NN	
	un be deck t		
	'wieder ent deck en		
	Wieder ent deck ung		
	un ge deck t		

un defin ier bar		
aus dehn en		
Aus dehn ung		
über'dehn en		
ein deich en		
Ein deich ung		
Ge deih	NM	
ge deih en		
ge deih lich		
an ge deih en		
un deklin ier bar		
Innen dekorat ion		
ein dell en		
ausser dem	C	
in dem	C	
nach dem	C	
vor dem	AV	
zu dem	AV	
an denk en		
aus denk bar		
aus denk en		
Be denk en	NN	
be denk en		
sich be denk en		
be denk en los		
be denk lich		
Be denk lich keit		
'durch denk en		
durch'denk en		
er denk bar		
er denk en		
er denk lich		
fort denk en		
ge denk	A	
ge denk en		
her denk en	S	
hin denk en	S	
nach denk en		
nach denk lich		
Nach denk lich keit		
über'denk en		
un denk bar		
un denk lich		
ver denk en		
weiter denk en		
zurück denk en		
un be denk lich		
vor be denk en		
sich hin ein denk en		
An ge denk en	NN	
ein ge denk	AV	
zu ge denk en		
un vor denk lich		
hin zu denk en		

```
vor aus be denk en                          Nach dicht ung
                                            'um dicht en
    be depp er t         S                  Um dicht ung
                                            un dicht        A
        Ver derb      NM                    ver dicht en
        Ver derb en        NM               Ver dicht er
        ver derb en                         Ver dicht ung
        Ver derb er
        ver derb lich                       ein dick en
        Ver derb lich keit                  ver dick en
        Ver derb nis       NF          sich ver dick en
        Ver derb t heit                     Ver dick ung
    un ver derb lich
    un ver derb t                               DIEG: siehe DEIH
                                            ge dieg en        A
        in des       C                      Ge dieg en heit
    unter des       AV
                                            ab dien en
        DESSEN: siehe DES                   an dien en          B
        in dessen     C                     An dien ung         B
    unter dessen      AV                    aus dien en
                                            be dien en
        an deut en                     sich be dien en
        An deut ung                         Be dien er
        aus deut en                         Be dien erin           SG
        Aus deut ung                        Be dien te
        be deut en                          Be dien ung
        be deut end                         ge dien t
        be deut sam                         ver dien en
        Be deut ung                         Ver dien er
        be deut ung s los                   zu dien en          CH
        Be deut ung s los ig keit       un ge dien t           S
        be deut ung s voll              ab ver dien en
        hin deut en                     un ver dien t
        miss deut en                        be dien er n           S
        Miss deut ung
        'um deut en                             DIENST: siehe DIEN
        un deut lich                    Aussen dienst       NM
        Un deut lich keit                   aussen dienst lich
   Neben be deut ung                        ausser dienst lich
        un be deut end                      be dienst et
        Ur be deut ung                      Be dienst ete
        Vor be deut ung                Fern dienst         NM
        ver deut lich en               Gegen dienst        NM
        Ver deut lich ung              Innen dienst        NM
                                            inner dienst lich
    ausser deutsch     A                    Ver dienst      NN
        ein deutsch en                      Ver dienst      NM
        Ein deutsch ung                     ver dienst lich
    inner deutsch      A                    ver dienst los
    nieder deutsch     A                    Ver dienst los ig keit
        un deutsch     A                    ver dienst voll
        ur deutsch     A              Neben ver dienst      NM
        ver deutsch en
        Ver deutsch ung                     über dies       AV

        ab dicht en                         zu dikt ier en
        an dicht en
        er dicht en                         ab ding bar         L
        Er dicht ung                        ab ding en
        Ge dicht      NN                    Be ding      NM A
        nach dicht en                       be ding en
```

```
be ding end
be ding t
Be ding t heit
Be ding ung
be ding ung s los
Be ding ung s los ig keit
Ge ding e        NN  T
Neben ding e          NP
Un ding       NN
Ver ding      NM  A
ver ding en
sich ver ding en
Ver ding er            A
Ver ding ung
Zwischen ding      NN
un ab ding bar
Un ab ding bar keit
un ab ding lich
aus be ding en
Gegen be ding ung
un be ding t
Un be ding t heit
vor be ding en        S
Vor be ding ung       S
Aus ge ding e    NN
Aus ge ding er
ver ding lich en
Ver ding lich ung

Erz diözese      NF

'um dispon ier en

un disziplin ier t
Un disziplin ier t heit

aus dock en
ein dock en

her um dokter n       S

er dolch en

ver dolmetsch en
Ver dolmetsch ung

Unter dominant e          T

sich auf donner n      S
los donner n
nieder donner n
ver donner n          S
ver donner t          S
auf ge donner t       S

Ge döns     NN   NG

ver doppel n
Ver doppel ung

DORB: siehe DERB
ver dorb en     A
```

```
Ver dorb en heit
un ver dorb en       A
Un ver dorb en heit

An dorn      NM
be dorn en

aus dorr en
ein dorr en
ver dorr en

1  ein dos en           S

2  ver dös en           S

'über dos ier en
UEber dos ier ung

un dramat isch

DRANG: siehe DRING
ab dräng en
An drang     NM
an dräng en
auf dräng en
sich auf dräng en
be dräng en
Be dräng er
Be dräng nis
Be dräng te
Be dräng ung
sich 'durch dräng en
ein dräng en
fort dräng en
Ge dräng e      NN
Ge dräng t heit
hin dräng en
nach dräng en
um'dräng en
ver dräng en
Ver dräng ung
vor dräng en
zurück dräng en
zusammen dräng en
Zusammen dräng ung
her an dräng en
hin aus dräng en
sich her bei dräng en
her ein dräng en
hin ein dräng en
her vor dräng en

DRAU: siehe DROH
be dräu en              P

ab dreh en
an dreh en
auf dreh en
aus dreh en
bei dreh en          N
'durch dreh en
ein dreh en
```

los dreh en
über'dreh en
'um dreh en
Um dreh ung
ver dreh en
Ver dreh t heit
Ver dreh ung
zu dreh en
zurück dreh en
auf ge dreh t
her um dreh en

ver drei-fach en
Ver drei-fach ung

hinter drein   AV

sich er dreist en

ab dresch en
aus dresch en
ver dresch en   S

DRIESEL: siehe DROSEL
auf driesel n

ver driess en
ver driess lich
Ver driess lich keit

DRIFT: siehe TRIFT
Ab drift   NF

ein drill en   S
ver drill en
Ver drill ung

zwischen drin   AV

ab dring en
an dring en
auf dring lich
Auf dring lich keit
durch'dring en
'durch dring en
Durch dring ung
ein dring en
ein dring lich
Ein dring lich keit
Ein dring ling
nach dring en
vor dring en
vor dring lich
Vor dring lich keit
zu dring lich
Zu dring lich keit
her an dring en
her auf dring en
her aus dring en
un durch dring lich
her ein dring en
her über dring en

hin über dring en
her vor dring en

be dripp t   S

DROH: siehe DEPP ER
an droh en
An droh ung
be droh en
be droh lich
Be droh ung

durch'dröhn en
er dröhn en
Ge dröhn   NN

DROSCH: siehe DRESCH
ab ge drosch en   A

auf drösel n

DROSS: siehe DRIESS
ver dross en   A
Ver dross en heit
un ver dross en   A
Un ver dross en heit

ab drossel n   T
er drossel n
Er drossel ung

Ab druck   NM
ab druck en
ab drück en
sich ab drück en
An druck   NM   T
an druck en
an drück en
Auf druck   NM
auf druck en
auf drück en
Aus druck   NM
aus druck en
aus drück en
sich aus drück en
aus drück lich
aus druck s los
aus druck s voll
be druck en
be drück en
be drück end
Be drück er
Be drück ung
Be druck ung
'durch drück en
Ein druck   NM
ein drück bar
ein druck en
ein drück en
ein drück lich   A
ein druck s los
ein druck s voll

```
        er drück en                      un duld sam
   Fern druck er                         Un duld sam keit
   Fort druck       NM   T           Un ge duld       NF
     ge drück t                         un ge duld ig
   Ge drück t heit
 Gegen druck       NM                    erz dumm     A
   los drück en                         Erz dumm heit
  Nach druck       NM                    ver dumm en
  nach druck en                         Ver dumm ung
  nach drück lich
  Nach drück lich keit                    be dung en
Nieder druck       NM   T              Voll düng er
nieder drück en
 UEber druck       NM                    be dünk en             A
 über'druck en                          Be dünk en       NN  A
   Um druck        NM
 Unter druck       NM                   nach dunkel n
 unter'drück en                          ver dunkel n
 Unter drück er                     sich ver dunkel n
 Unter drück ung                         Ver dunkel ung
   ver drück en
sich ver drück en          S             ver dünn en
   Vor druck       NM               sich ver dünn en
 Wider druck       NM                    Ver dünn ung
   zer drück en                      un ver dünn t
    zu drück en
Zusammen druck     NM                    ge duns en     A
zusammen drück bar                      Ge duns en heit
zusammen drück en                   auf ge duns en     A
zusammen druck en
Zusammen drück ung                      aus dunst en
Wieder ab druck    NM                   Aus dunst ung
wieder 'ab druck en                     ver dunst en
 her aus drück en                       Ver dunst ung
  be ein druck en
  Be ein druck ung                       da durch        A V
 hin ein drück en                       hin durch        A V
sich her um drück en       S        zwischen durch       A V

        DRUCKS: siehe DRUCK               be dürf en
 her um drucks en          S             Be dürf nis
                                         be dürf nis los
        DRUNG: siehe DRING               Be dürf nis los ig keit
     ge drung en      A                  be dürf t ig
     Ge drung en heit                    Be dürf t ig keit
                                       fort dürf en           S
        DRUSCH: siehe DRESCH            hin dürf en           S
  Aus drusch       NM                   mit dürf en           S
                                     zurück dürf en           S
        DRUSS: siehe DRIESS          her auf dürf en           S
 UEber druss       NM                hin auf dürf en           S
 über drüss ig                       her aus dürf en           S
 Ver druss        NM                 hin aus dürf en           S
                                     her ein dürf en           S
durch'duft en                        hin ein dürf en           S
   ver duft en                      her über dürf en           S
                                    hin über dürf en           S
        er duld en               hin unter dürf en           S
        Er duld ung
        Ge duld       NF                 ver durst en
   sich ge duld en
        ge duld ig                  sich be dusel n            S
```

```
      be dusel t           S                       Nach eifer ung
                                                   UEber eifer        NM
          DUSSEL: siehe DUSEL                      über eif r ig
      ver dussel n            S
                                                       un eigen t lich
sich um'düster n                                       ur eigen        A
sich ver düster n                                      ur eigen tüm lich
                                                   sich an eig n en
      ver dutz t                                       An eig n ung
      Ver dutz t heit                                 ent eig n en
                                                      Ent eig n ung
      ver ebb en                                  sich er eig n en
                                                       Er eig n is        NN
         un eben      A                                ge eig n et
         Un eben heit                              über'eig n en
         ein eb n en               -              UEber eig n ung
                                                      zu eig n en
         un echt      A                               Zu eig n ung
         Un echt heit                              un ge eig n et

         an eck en                               sich be eil en
                                                  'durch eil en
         un edel      A                           durch'eil en
         ver edel n                                  ent eil en
         Ver edel ung                                 er eil en
                                                     fort eil en
     ausser ehe lich                                  her eil en
         un ehe lich                                  hin eil en
         Un ehe lich keit                            nach eil en
         vor ehe lich                              über'eil en
      un ver ehe lich t                           UEber eil ung
   sich ver ehe lich en                               vor eil en
         Ver ehe lich ung                             vor eil ig
                                                      Vor eil ig keit
         be ehr en                                 zurück eil en
         ent ehr en                                   her ab eil en
    sich ent ehr en                                   her an eil en
         Ent ehr er                                   her auf eil en
         Ent ehr ung                                  hin auf eil en
         Un ehr e                                     hin aus eil en
         un ehr en haft                               vor aus eil en
         Un ehr en haft ig keit                       her bei eil en
         un ehr lich                                  vor bei eil en
         Un ehr lich keit                             her ein eil en
         ver ehr en                                   hin ein eil en
         Ver ehr er                                   ent gegen eil en
         Ver ehr ung                                  da hin eil en
                                                      hin über eil en
         be eid en           A                        hin unter eil en
         ver eid en          A                        da von eil en
         be eid ig en                                 her zu eil en
         be eid ig t                                  hin zu eil en
         Be eid ig ung
         ver eid ig en           1                       dar ein        A V
         Ver eid ig ung          1                       her ein        A V
                                 1                       hin ein        A V
         an eifer n              1                    da hin ein        A V
    sich be eifer n              1                    vor hin ein        A V
         Be eifer ung           1  zwischen hin ein        A V
    sich er eifer n
         Er eifer ung           2                       un ein ig
        nach eifer n            2                       Un ein ig keit
```

```
2        Ver ein      NM                    an ekel n
2        ver ein bar                        ver ekel n
2        ver ein en                     hin aus ekel n              S
2        Ver ein ung
2     un ver ein bar                       über elegant      A
2     Un ver ein bar keit
2         an ein ander    AV                ver elend en
2        auf ein ander    AV                Ver elend ung
2        aus ein ander    AV
2        bei ein ander    AV                Ur elter n        NP
2      durch ein ander    AV                Vor elter n       NP
2      Durch ein ander    NN
2        für ein ander    AV                be end en
2      gegen ein ander    AV                Be end ung
2     hinter ein ander    AV                un end lich       A
2         in ein ander    AV                un end lich       AV
2        mit ein ander    AV                Un end lich keit
2       nach ein ander    AV                ver end en
2      Neben ein ander    NN                voll'end en
2      neben ein ander    AV                Voll end er       NM
2       über ein ander    AV                voll end s        AV
2         um ein ander    AV                Voll end ung
2      unter ein ander    AV                Vor end e         NN
2        von ein ander    AV            un voll end et
2        vor ein ander    AV                be end ig en
2      wider ein ander    AV  A            Be end ig ung
2         zu ein ander    AV
2        ver ein bar en                     be eng en
2        Ver ein bar keit                   Be eng t heit
2        Ver ein bar ung                    Be eng ung
2        ver ein heit lich en               ein eng en
2        Ver ein heit lich ung              ver eng en
2        ver ein ig en                 sich ver eng en
2        Ver ein ig ung                     Ver eng ung
2     ver un ein ig en                      ver eng er n
2 sich ver un ein ig en                     Ver eng er ung
2 'wieder ver ein ig en
2  Wieder ver ein ig ung                    Erz engel         NM
2        ver ein sam en
2        Ver ein sam ung                    Ur enkel          NM
                                            Ur enkel in
         ver ein-fach en                 Ur ur enkel          NM
         Ver ein-fach ung                Ur ur enkel in

             EINZEL: siehe EIN 2            auf enter n             N
         ver einzel t
                                            An erb e          NM  R
         ent eis en                         be erb en
         Ent eis ung                        Be erb ung
         los eis en        S                ent erb en
         ver eis en                         Ent erb ung
         Ver eis ung                        er erb en
                                            Mit erb e
         ent eisen en                       mit erb en
         Ent eisen ung                      Nach erb e
                                            ver erb en
         ver eitel n                   sich ver erb en
         Ver eitel ung                      Ver erb ung
                                            Vor erb e         NN
         ver eiter n                        Vor erb schaft
         Ver eiter ung
                                            be erd ig en
```

```
        Be erd ig ung                      aus fahr en
        un be erd ig t                     Aus fahr t
                                           be fahr bar
            un ernst      A                be fahr en        A
                                           be fahr en
         ein ernt en                  sich be fahr en            A
        Miss ernt e                        Bei fahr er
        Nach ernt e                      'durch fahr en
         Vor ernt e                      durch'fahr en
                                          Durch fahr t     NF
            vor erst      AV               ein fahr en
             zu erst      AV          sich ein fahr en
                                           Ein fahr t      NF
          auf ess en                       ent fahr en
          aus ess en                        er fahr en      A
    sich 'durch ess en      S               er fahr en
        hinter ess en       S               Er fahr ung
           mit ess en                      Fern fahr er
           Mit ess er                      Fern fahr t     NF
          nach ess en                      fort fahr en
         'über ess en                        Ge fahr        NF
     sich über'ess en                      ge fähr lich
     sich 'voll ess en      S              Ge führ lich keit
           vor ess en       CH             ge fahr los
           weg ess en                      Ge fahr los ig keit
                                           Ge führ t       NN
          ver ester n                      Ge führ te
          Ver ester ung                    Ge führ tin
                                           ge fahr voll
       ausser europä isch                  her fahr en
                                           Her fahr t      NF
            ur ew ig       S               hin fahr en
           ver ew ig en                    Hin fahr t      NF
           Ver ew ig ung                   los fahr en
                                           mit fahr en
         ein exerz ier en                  Mit fahr er
        nach exerz ier en                  Nach fahr       NM
                                           nach fahr en
           an fach en                    nieder fahr en
          ent fach en                      Rück fahr t     NF
           Ge fach      NN                über'fahr en
        Neben fach      NN               'über fahr en
         um'fäch el n          P          UEber fahr t
          zu fäch el n                     'um fahr en
                                           um'fahr en
          auf fädel n                    unter'fahr en
          aus fädel n                      Ver fahr en        NN
          ein fädel n                      ver fahr en
                                      sich ver fahr en
           un füh ig                       Vor fahr        NM
           Un füh ig keit                  vor fahr en
           be füh ig en                    Vor fahr t      NF
           be füh ig t                     weg fahr en
           Be füh ig ung                 weiter fahr en
                                         Weiter fahr t    NF
           ab fahr en                    wider'fahr en
      sich ab fahr en                      zer fahr en      A
           Ab fahr t      NF               Zer fahr en heit
           an fahr en                       zu führ en
           An fahr t      NF               Zu fahr t        NF
          auf fahr en                    zurück fahr en
          Auf fahr t      NF            zusammen fahr en
```

her ab fahr en				Ge fall en		NN	
her an fahr en				Ge fall ener			
her auf fahr en				ge fäll ig			
hin auf fahr en				Ge fäll ig keit			
her aus fahr en				ge fäll ig st		AV	
hin aus fahr en				her fall en			
vor aus fahr en				hin fall en			
un be fahr bar				hin fäll ig			
vor bei fahr en				Hin fäll ig keit			
her ein fahr en				miss fall en			
hin ein fahr en				Miss fall en		NN	
un er fahr en		A		miss fäll ig			
Un er fahr en heit				nieder fall en			
un ge führ		AV		Rück fall		NM	
un ge führ lich				rück fäll ig			
ent gegen fahr en				UEber fall		NM	
ein her fahr en				über' fall en			
da hin fahr en				über fäll ig			
her über fahr en				Um fall		NM	S
hin über fahr en				'um fall en			
her um fahr en		S		Un fall		NM	
her unter fahr en				Ver fall		NM	
hin unter fahr en				ver fall en			
vor ver fahr en				Vor fall		NM	
da von fahr en				vor fall en			
Ur vor fahr		NM		Weg fall		NM	
aus ein ander fahr en				weg fall en			
				Zer fall		NM	
FAHRD: siehe FAHR				zer fall en			
ge führd en				Zu fall		NM	
Ge führd ung				zu fall en			
un ge führd et				zu fäll ig			
				Zu fäll ig keit			
Ab fall		NM		zurück fall en			
ab fall en				Zusammen fall		NM	
ab fäll ig				zusammen fall en			
An fall		NM		Zwischen fall		NM	
an fall en				her ab fall en			
an fäll ig				hin auf fall en			S
An fäll ig keit				un auf fäll ig			
auf fall en				her aus fall en			
auf fall end		A		hin aus fall en			
auf fäll ig				Her ein fall		NM	S
Auf fäll ig keit				her ein fall en			S
Aus fall		NM		hin ein fall en			
aus fäll en			T	An ge fäll e			
aus fall en				aus ge fall en		A	
aus fäll ig				un ge fäll ig			
Be fall		NM		Un ge fäll ig keit			
be fall en				da neben fall en			
Bei fall		NM		ver un fall en			CH
bei fall en				dar unter fall en			
bei fäll ig				her unter fall en			
Durch fall		NM	T	hin unter fall en			
'durch fall en				aus ein ander fall en			
Ein fall		NM					
ein fall en				ab fälsch en			O
ent fall en				ver fälsch en			
Fort fall		NM		Ver fälsch ung			
fort fall en				un ver fälsch t			
Ge fäll e		NN		Un ver fälsch t heit			
ge fall en							

```
----------------------------------------------------------------------
              Ein falt      NF              sich ent färb en
              ein fält ig                       Ent färb ung
              Ein fält ig keit              Gegen farb e
              ent falt en                    miss farb ig
          sich ent falt en                  nach färb en
              Ent falt ung                   'um färb en
          zusammen falt en                   Um färb ung
       aus ein ander falt en                 ver färb en
                                         sich ver färb en
                FALZ: siehe FALT            Ver färb ung
              aus falz en              Zwischen farb e
              ein falz en
                                            ab fas en
          Unter familie    NF   T
                                            Ge fasel       NN
              ab fang en
              An fang       NM              ab faser n
              an fang en                   aus faser n
              An fäng er                   ent faser n
              an fäng lich                 zer faser n
              an fang s        AV
              auf fang en                   ab fass en
              be fang en                    an fass en
              Be fang en heit              auf fass en
              Ein fang       NM            Auf fass ung
              ein fang en                   be fass en         A
              Emp fang      NM             ein fass en
              emp fang en                  Ein fass ung
              Emp fäng er                   er fass en
              emp fäng lich                Er fass ung
              Emp fäng lich keit           Ge fäss       NN
              Emp fäng nis                 ge fass t
              Ge fang ener                 Ge fass t heit
              Ge fang en schaft            'um fass en
              Ge fäng nis                  um'fass en
          UEber fang      NM               Um fass ung
          über'fang en                    un fass bar
              Um fang      NM              un fass lich
              um'fang en                  'unter fass en
              um fäng lich                 ver fass en
          Unter fang en      NN           Ver fass er
          unter'fang en                   Ver fass er schaft
      sich unter'fang en                  Ver fass ung
              ver fang en                   zu fass en
          sich ver fang en             zusammen fass en
              ver fäng lich             Zusammen fass ung
              Ver fäng lich keit         vor ge fass t
              weg fang en         S
          Ur an fang       NM               an fauch en
          ur an fäng lich
          un be fang en      A              ab faul en
          Un be fang en heit               an faul en
       Fern emp fang      NM             'durch faul en
       Nach emp fäng nis                  erz faul      A
          un emp fäng lich               ober faul      A   S
          Un emp fäng lich keit           ver faul en
          un ver fäng lich
                                            an fecht bar
              ab färb en                   an fecht en
              auf färb en                  An fecht ung
              ein färb en                 aus fecht en
              ent färb en                'durch fecht en
```

```
    er fecht en                          an feind en
    Ge fecht        NN                   An feind ung
   ver fecht en                          be feind en
   Ver fecht er                          Erz feind        NM
   Ver fecht ung                    sich ver feind en
 un an fecht bar
Vor ge fecht        NN                   ge feit          A

    ab feder n                          Vor feld          NN
 'durch feder n
                                         Ur fels          NM
    ab feg en
   aus feg en                           ver fem en
   Aus feg er                           Ver fem ung
 'durch feg en
 durch'feg en                       hin aus fenster n            S
    Ge feg e       NN  H
zusammen feg en                          ein fenz en

    be fehd en           P              ver ferkel n
    Be fehd ung          P
    Ur fehd e            T               da fern         C  A
                                        ent fern en
    Be fehl       NM                sich ent fern en
    be fehl en                          ent fern t         A
    be fehl end                         Ent fern ung
    be fehl er isch                      un fern         P
   emp fehl en
sich emp fehl en                         un fert ig
   Emp fehl ung                          Un fert ig keit
    un fehl bar                          ab fert ig en
    Un fehl bar keit                     Ab fert ig ung
   ver fehl en                           an fert ig en
   Ver fehl ung                          An fert ig ung
 an be fehl en          A               aus fert ig en
Gegen be fehl        NN                 Aus fert ig er
Ober be fehl        NN                  Aus fert ig ung
 an emp fehl en                     unter'fert ig en
weiter emp fehl en                  unter fert ig te
    be fehl ig en           M          ver fert ig en
                                       Ver fert ig ung
    ab feier n           S
  Nach feier        NF                 ent fessel n
  nach feier n                         Ent fessel ung
   Vor feier        NF
                                        be fest ig en
    ab feil en                          Be fest ig ung
   aus feil en                         ent fest ig en
 'durch feil en                        Ent fest ig ung
   weg feil en                         ver fest ig en
                                  sich ver fest ig en
    ab feilsch en                      Ver fest ig ung

 ab ge feim t                           ein fett en
 Ab ge feim t heit                     ent fett en
                                       Ent fett ung
    un fein     A                      ver fett en
    Un fein heit                       Ver fett ung
 über'fein er n
 UEber fein er ung                     zer fetz en
   ver fein er n
   Ver fein er ung                      an feucht en
```

```
    An feucht er                        er find er isch
    An feucht ung                       Er find ung
    be feucht en                       her find en          S
    Be feucht ung                      hin find en          S
 durch'feucht en                       vor find en
    ein feucht en                   'wieder find en
                                      zurück find en
    ab feuer n                      zusammen find en
    an feuer n                 sich zusammen find en
    An feuer ung                  sich her auf find en      S
    be feuer n        N                hin auf find en
    Be feuer ung        N              un auf find bar
    ein feuer n                        her aus find en
 Gegen feuer      NN                   hin aus find en
    ver feuer n                        dar ein find en      S
    Ver feuer ung                 sich dar ein find en      S
                                   sich hin ein find en
    ab fieber n                        an emp find en
  Rück fieber      NN                  mit emp find en
                                      nach emp find en
    Ge fied er      NN                 Nach emp find ung
    ge fied ert                       über emp find lich
                                      UEber emp find lich keit
    Ge fiedel      NN                   un emp find lich
                                        Un emp find lich keit
                                        un er find lich
    FIEDER: siehe FIED              hin unter find en       S
    be fieder n
    ent fieder n
    Ent fieder ung                     Emp find el ei
                                       emp find el n
 Neben figur      NF
                                       be finger n          S
                                   her um finger n          S
    FILD: siehe FELD
    Ge fild e      NN  P           sich ver finster n
                                       Ver finster ung
   Bei film      NM
    ver film en                        ab fisch en
    Ver film ung                       auf fisch en
                                       aus fisch en
    ver filz en                    her aus fisch en
    ab find en
    Ab find ung                  sich 'durch fitz en        S
    auf find en                        ge fitz t            CH
    aus find ig                        ver fitz en          S
    be find en
    Be find en      NN                 ab flach en
   sich be find en               Innen fläch e
    be find lich                  Ober fläch e
sich 'durch find en              ober fläch lich
    sich ein find en             Ober fläch lich keit
    emp find bar                      ver flach en
    emp find en                       Ver flach ung
    emp find lich
    Emp find lich keit                auf flack er n
    emp find sam                      ver flack er n
    Emp find sam keit
    Emp find ung                      aus flagg en          N
    emp find ung s los                be flagg en
    Emp find ung s los ig keit        Be flagg ung
    er find en
    Er find er                        auf flamm en
```

```
    ent flamm en                          ein flieg en
    ge flamm t                            Ein flieg er
                                          ent flieg en
    Un flat       NM                      fort flieg en
    un flät ig                            her flieg en           S
    Un flät ig keit                       hin flieg en
                                          nach flieg en
    Ge flatt er       NN                  über' flieg en
    auf flatt er n                        um' flieg en
    fort flatt er n                       'um flieg en           S
 um 'her flatt er n                       ver flieg en
 her um flatt er n                   sich ver flieg en
                                          weg flieg en
    ab flau en                        weiter flieg en
                                          zu flieg en
sich hin fläz en           S          zurück flieg en
                                     hin auf flieg en
  durch'flecht en                    her aus flieg en
    ein flecht en                    hin aus flieg en
    ent flecht en                    her bei flieg en
    Ent flecht ung                   vor bei flieg en
    Ge flecht        NN              her ein flieg en
    um'flecht en                     hin ein flieg en
    ver flecht en                     da her flieg en
    Ver flecht ung                  um 'her flieg en
zusammen flecht en                   da hin flieg en
                                    her über flieg en
    be fleck en                     hin über flieg en
    Be fleck ung                     her um flieg en
    ent fleck en                  her unter flieg en
    ge fleck t                    hin unter flieg en
    un be fleck t                   da von flieg en
                              aus ein ander flieg en
    zer fleder n
                                          ent flieh en
    be flegel n           AU
    Erz flegel       NM                   ab fliess en
sich hin flegel n                        aus fliess en
                                      'durch fliess en
    an fleh en                      durch' fliess en
    er fleh en                         ein fliess en
 her ab fleh en                       fort fliess en
                                          hin fliess en
    ab fleisch en                   'über fliess en
    zer fleisch en                   um' fliess en
 ein ge fleisch t                     ver fliess en
                                      zer fliess en
sich be fleiss ig en                   zu fliess en
                                   zurück fliess en
    an flick en               zusammen fliess en
    aus flick en                   her ab fliess en
    ein flick en                  her aus fliess en
zusammen flick en                vor bei fliess en
                                  her ein fliess en
    ab flieg en                  hin ein fliess en
    an flieg en
    auf flieg en                       Ge flimm er        NN
    aus flieg en
    be flieg en                        be fliss en        A
    Be flieg ung                       Be fliss en heit
 durch'flieg en                        be fliss en t lich
 'durch flieg en                       Ge fliss en heit              I
```

---

ge fliss ent lich I	Neben fluss NM
	Rück fluss NM
Ge flitz e NN S	UEber fluss NM
vor bei flitz en S	über flüss ig
	Zu fluss NM
ver flix t S	Zusammen fluss NM
	be ein fluss en
FLOCHT: siehe FLECHT	Be ein fluss ung
ver flocht en A	un be ein fluss t
Ver flocht en heit	ver flüss ig en
	sich ver flüss ig en
aus flock en	Ver flüss ig er
Aus flock ung	Ver flüss ig ung
um'flor en	ein flüster n
	Ein flüster ung
FLOSS: siehe FLIESS	Ge flüster NN
ein flöss en	zu flüster n
Zu flöt e S	be flut en
	Be flut ung
Ge fluch e NN S	durch'flut en
ver fluch en	'über flut en
ver fluch t S	über'flut en
Ver fluch ung	UEber flut ung
	um'flut en
FLUCHT: siehe FLIEH	Vor flut NF T
ab flucht en	Vor flut er
Aus flucht NF	zurück flut en
Zu flucht NF	
ver flücht ig en	FOCHT: siehe FECHT
sich ver flücht ig en	un an ge focht en A
Ver flücht ig ung	
	Ab folg e
Ge fluder NN T	aus folg en
	be folg en
FLUG: siehe FLIEG	Be folg ung
Ab flug NM	bei folg en
An flug NM	bei folg end
Aus flug NM	Er folg NM
Aus flüg ler NM	er folg en
Ein flug NM	er folg los
Fern flug NM	Er folg s los ig keit
Rück flug NM	Ge folg e NN
Weiter flug NM	Ge folg schaft
be flüg el n	in folg e P
Be flüg el ung	Nach folg e
Ge flüg el NN	nach folg en
ge flüg el t	Nach folg er
Neben flüg el NM	Nach folg erin
über'flüg el n	un folg sam
UEber flüg el ung	Un folg sam keit
	Ver folg NM C
Ge flunker NN S	ver folg en
vor flunker n S	Ver folg er
	Ver folg ung
FLUSS: siehe FLIESS	zu folg e P
Ab fluss NM	ver ab folg en
ab fluss los	dar auf folg end A
Aus fluss NM	Miss er folg NM
Durch fluss NM	zurück ver folg en
Ein fluss NM	Auf ein ander folg e

auf ein ander folg en   un er forsch lich

     ab forder n   ab forst en
     an forder n   auf forst en
     An forder ung   Auf forst ung
     auf forder n   be forst en
     Auf forder ung   Be forst ung
     be förder bar   durch'forst en
     Be förder er   Durch forst ung
     be förder lich   Ober först er
     be förder n   be först er n
     Be förder ung   Be först er ung
     ein forder n
     Ein forder ung   hin fort   AV
     er forder lich
     er forder n   be fracht en
     Er forder nis   Be fracht er
    Gegen forder ung   Be fracht ung
     nach forder n   Rück fracht   NF
     Nach forder ung   UEber fracht   NF
     Rück forder ung   über'fracht en
    über'forder n   ver fracht en
    UEber forder ung   Ver fracht er
    zurück forder n   Ver fracht ung
    Zurück forder ung
   Her aus forder er   be frack t
   her aus forder n
   Her aus forder ung   ab frag en
  weiter be förder n   An frag e
  Weiter be förder ung   an frag en
  her auf be förder n   aus frag en
  hin auf be förder n   Aus frag er
  hin aus be förder n   Aus frag erei
hin unter be förder n   be frag en
  un auf ge forder t   sich be frag en
                                               Be frag ung
     ab form en   'durch frag en
   'durch form en   sich 'durch frag en
    Miss form   NF   er frag en
    miss förm ig   Ge frag e   NN
    'um form en   Gegen frag e
    Um form er   Nach frag e
    Um form ung   nach frag en
    un förm ig   Neben frag e
    Un förm ig keit   Rück frag e
    un förm lich   rück frag en
    Un förm lich keit   über'frag en
    Ur form   NF   Um frag e
    ur form en   'um frag en
    ver form en   Vor frag e
    Ver form ung   un ge frag t
                                               her um frag en   S
    aus forsch en
    Aus forsch ung   un frank ier t
  durch'forsch en
  Durch forsch ung   aus frans en
    er forsch en   be frans en
    Er forsch er
    er forsch lich   sich ver franz en   T
    Er forsch ung
    nach forsch en   aus fräs en
    Nach forsch ung

FRASS: siehe FRESS
ge fräss ig
Ge fräss ig keit

Neben frau   NF

sich er frech en

be frei en
sich be frei en
Be frei er
Be frei erin
Be frei ung
Ge frei ter
un frei   A
Ober ge frei ter

un frei-will ig

Be fremd en   NN
be fremd en
be fremd end
be fremd lich
Be fremd nis
Be fremd ung
ent fremd en
Ent fremd ung
über'fremd en
UEber fremd ung

nieder frequen t   A
Nieder frequen z   NF

ab fress en
an fress en
auf fress en
aus fress en
'durch fress en
sich 'durch fress en
sich ein fress en
sich über'fress en
ver fress en   A   S
ver fress en   S
Ver fress en heit   S
weg fress en
zer fress en
hin ein fress en   S

Ge frett   NN   UG

er freu en
sich er freu en
er freu lich
Mit freu de
sich mit freu en
Vor freu de
un er freu lich

sich an freund en
sich be freund en
Be freund ung
un freund lich

Un freund lich keit

be fried en
Be fried ung
ein fried en
um'fried en
Um fried ung
Un fried e   NM
Un fried en   NM
Vor fried e
zu fried en   A
Zu fried en heit
un zu fried en   A
Un zu fried en heit
be fried ig en
be fried ig end
Be fried ig ung
ein fried ig en
Ein fried ig ung
um'fried ig en
Um fried ig ung
un fried ig t
un be fried ig end

ab frier en
an frier en
aus frier en
'durch frier en
ein frier en
er frier en
Er frier ung
ge frier en
zu frier en

an frisch en
auf frisch en
sich auf frisch en
Auf frisch ung
er frisch en
Er frisch ung
ver frisch en

un fris ier t

be frist en
Be frist ung
Nach frist   NF
vor frist ig

un froh   A

Vorder front   NF

FROR: siehe FRIER
Ge fror enes   NN
Ge fror nis   NF
ver fror en   A
un ver fror en   A
Un ver fror en heit

ent frost en
Ent frost er

Ent frost ung

be frucht en
Be frucht ung
un frucht bar
Un frucht bar keit
Vor frucht   NF
Zwischen frucht   NF
un be frucht et

sich ver früh en

FRUHLING: siehe FRUH
Vor frühling   NM

un ge früh-stück t   S

ein fuchs en   S
ein ge fuchs t   AV S

her um fuchtel n   S

an füg en
An füg ung
aus fug en
be fug en   I
Be fug nis
bei füg en
Bei füg ung
ein fug en
ein füg en
sich ein füg en
Ein füg ung
Ge füg e   NN
ge füg ig
Ge füg ig keit
Gegen fug e   T
Un fug   NM
ver füg bar
ver füg en
Ver füg ung
zu füg en
Zu füg ung
zusammen füg en
sich zusammen füg en
Zusammen füg ung
un be fug t
Un ge füg e
hin zu füg en
an ein ander füg en
An ein ander füg ung
in ein ander füg en

an fühl en
be fühl en
'durch fühl en   S
sich ein fühl en
ein fühl sam
Ein fühl ung
Ge fühl   NN
ge fühl los
Ge fühl los ig keit

ge fühl voll
mit fühl en
nach fühl en
vor fühl en   S
her aus fühl en
Mit ge fühl   NN
Voll ge fühl   NN
Vor ge fühl   NN

Ab fuhr   NF
ab führ en
ab führ end
Ab führ ung
An fuhr   NF
an führ en
An führ er
An führ ung
auf führ bar
Auf führ bar keit
auf führ en
sich auf führ en
Auf führ ung
Aus fuhr   NF
aus führ bar
Aus führ bar keit
aus führ en
aus führ lich
Aus führ lich keit
Aus führ ung
Durch fuhr   NF
durch führ bar
Durch führ bar keit
'durch führ en
Durch führ ung
Ein fuhr   NF
ein führ bar
ein führ en
Ein führ ung
ent führ en
Ent führ er
Ent führ ung
fort führ en
Fort führ ung
ge führ ig
Ge führ ig keit
her führ en   S
hin führ en
mit führ en
Rück führ ung
UEber fuhr   NF AU
'über führ en
über'führ en
UEber führ ung
unter'führ en
Unter führ er   M
Unter führ ung
ver führ en
Ver führ er
ver führ er isch
Ver führ ung
voll'führ en
vor führ en

```
            Vor führ er                              FUND: siehe FIND
            Vor führ ung                      Be fund        NM
            Zu fuhr       NF
            zu führ en                           an funk en
            Zu führ ung                          Ge funk el     NN
       zurück führ en
    zusammen führ en                         UEber funkt ion          NF
       her ab führ en                        Unter funkt ion          NF
       her auf führ en
       hin auf führ en                           da für      AV
        ur auf führ en                           hin für     AV  A
        Ur auf führ ung
    wieder 'auf führ en                      durch'furch en
    Wieder auf führ ung
       her aus führ en                          be fürcht en
       hin aus führ en                          Be fürcht ung
        un aus führ bar                         zer furcht        A
        Un aus führ bar keit
       her bei führ en                          ge fürst et
       vor bei führ en
    un durch führ bar                         Bei fuss      NM
    Un durch führ bar keit                  Gegen füss ler       NM
       her ein führ en                      Hinter fuss      NM
       hin ein führ en                      Vorder fuss      NM
    wieder 'ein führ en
    Wieder ein führ ung                   1       ab fütter n
         an ge führ t                     1       auf fütter n
    ent gegen führ en                     1       aus fütter n
       her über führ en                   1      Bei futter      NN
       hin über führ en                   1    'durch fütter n          S
       her um führ en                     1     über'fütter n
       hin unter führ en                  1     UEber fütter ung
        un aus ge führ t                  1       ver fütter n
                                          1       ver futter n          S
       her um fuhr-werk en        S
                                          2     Unter futter      NN
            ab füll en                    2     unter'fütter n
            Ab füll ung                   2  Zwischen futter      NN
            an füll en
           auf füll en                              GAB: siehe GEB
           aus füll en                            Ab gab e
           Aus füll ung                           An gab e
           ein füll en                           Auf gab e
            er füll en                           Aus gab e
       sich er füll en                            be gab en
            Er füll ung                           be gab te
          nach füll en                           Be gab ung
          Nach füll ung                         Bei gab e
         UEber füll e                           Ein gab e
          über'füll en                        Gegen gab e
         UEber füll ung                         Hin gab e
          'um füll en                           Mit gab e
           Um füll ung                         Rück gab e
         'voll füll en                        UEber gab e
        'über er füll en           T         Ver gab e
       UEber er füll ung           T         Vor gab e
          un er füll bar                   Weiter gab e
          Un er füll bar keit             Wieder gab e
       un aus ge füll t                       Zu gab e
                                         Zurück gab e
            be fummel n          S      Neben ab gab e
       her um fummel n          S         Dar an gab e
```

```
Her aus gab e
Neben aus gab e
    ver aus gab en
    Ver aus gab ung
        un be gab t
        Un be gab t heit

        auf gabel n

        Ge gacker        NN

        an gaff en
        be gaff en           S
    sich ver gaff en         S

    ausser galakt isch

        un galant        A

        ver gäll en
        Ver gäll ung

        Auf galopp       NM
        an galopp ier en
    sich ver galopp ier en

        ver gammel n         S

            GANG: siehe GEH
        Ab gang          NM
        Ab gäng er
        ab gäng ig
        An gang          NM
        an gäng ig
        Auf gang         NM
        Aus gang         NM
        aus gang s       P    C
        Be gäng nis
      Durch gang         NM
      Durch gäng er           S
      durch gäng ig           S
        Ein gang         NM
        ein gang s       AV
        ein gang s       P    C
       Fort gang         NM
        Her gang         NM
        Hin gang         NM
      Neben gang         NM
     Nieder gang         NM
       Rück gang         NM
       rück gäng ig
      UEber gang         NM
        Um gang          NM
        um gäng lich
        Um gäng lich keit
        un gang bar
      Unter gang         NM
        ver gang en          A
        Ver gang en heit
        ver gäng lich
        Ver gäng lich keit
        Vor gang         NM
```

```
        Vor gäng er
        Weg gang         NM
        Zu gang          NM
        zu gäng lich
        Zu gäng lich keit
      Neben aus gang     NM
      Neben ein gang     NM
        an ge gang en        A
        un um gäng lich
        Un um gäng lich keit
        un ver gäng lich
        Un ver gäng lich keit
        Vor ver gang en heit
        un zu gäng lich
        Un zu gäng lich keit

        ver gant en          UG
        Ver gant ung         UG

        er gänz en
        Er gänz ung

       nach gär en
       Nach gär ung
       ober gär ig
       Ober gär ung
      unter gär ig
      Unter gär ung
        ver gär en
        Ver gär ung

      UEber gardine n      NP

        um'garn en
        Vor garn         NN

        Vor garten       NM

        Ab gas           NN
        aus gas en
        be gas en
        Be gas ung
        ent gas en
        Ent gas ung
       Fern gas          NN
        ver gas en
        Ver gas er
        Ver gas ung
       Voll gas          NN

      Neben gasse         NF

        un gast lich
        Un gast lich keit

        be gatt en
        Be gatt ung
      Unter gatt ung         T

        er gatter n
        ver gatter n
        Ver gatter ung
```

vor gaukel n		
hinter gaum en		
Vorder gaum en	NM	
ab gauner n		
be gauner n	S	
sich er gauner n		
Erz gauner		
ab geb en		
sich ab geb en		
an geb en		
An geb er		
An geb erei		
an geb er isch		
an geb lich		
auf geb en		
aus geb en		
be geb bar	T	
be geb en		
sich be geb en		
Be geb en heit		
Be geb nis		
Be geb ung		
bei geb en		
'durch geb en		
ein geb en		
Ein geb ung		
er geb en		
sich er geb en		
Er geb en heit		
Er geb nis		
er geb nis los		
Er geb ung		
fort geb en		
Ge geb en heit		
her geb en		
hin geb en		
los geb en		
mit geb en		
nach geb en		
über'geb en		
sich über'geb en		
um'geb en		
Um geb ung		
unter'geb en		
Unter geb ene		
ver geb en		
ver geb ens	AV	
ver geb lich		
Ver geb lich keit		
Ver geb ung		
vor geb en		
vor geb lich		
weiter geb en		
'wieder geb en		
zu geb en		
zurück geb en		
zusammen geb en		
dar an geb en		
vor an geb en		

hin auf geb en		
her aus geb en		
Her aus geb er		
hin aus geb en		
sich fort be geb en		
sich zurück be geb en		
her ein geb en		
hin ein geb en		
Zwischen er geb nis		
an ge geb en	A	
da hin geb en		
her über geb en		
hin über geb en		
her um geb en		
her unter geb en		
Mit her aus geb er		
sich her auf be geb en		
sich hin auf be geb en		
sich hin unter be geb en		
da gegen	C	
da gegen	AV	
ent gegen	AV	
ent gegen	P	
hin gegen	C	
zu gegen	A	
da hin gegen	C	
Um gegen d	NF	S
be geg n en		
Be geg n ung		
ent geg n en		
Ent geg n ung		
ab geh en		
an geh en		
an geh end		
auf geh en		
aus geh en		
be geh en		
Be geh ung		
'durch geh en		
durch geh ens	AV	S
ein geh en		
ein geh end		
ent geh en		
Er geh en	NN	
er geh en		
sich er geh en		
fort geh en		
her geh en		
hin geh en		
hinter geh en		S
hinter geh en		
los geh en		
mit geh en		
nach geh en		
nieder geh en		
über'geh en		
'über geh en		
'um geh en		
um'geh en		
um geh end		

Um	geh	ung		
'unter	geh	en		
Ver	geh	en	NN	
ver	geh	en		
sich ver	geh	en		
vor	geh	en		
weit	geh	end	A	
weit	geh	end	AV	
weiter	geh	en		
zer	geh	en		
zu	geh	en		
zurück	geh	en		
zusammen	geh	en		
dar an	geh	en		
her an	geh	en		
vor an	geh	en		
hin auf	geh	en		
vor auf	geh	en		
her aus	geh	en		
hin aus	geh	en		
vor aus	geh	en		
vor bei	geh	en		
hin durch	geh	en		
hin ein	geh	en		
ent gegen	geh	en		
ein her	geh	en		
hinter her	geh	en		
neben her	geh	en		
um 'her	geh	en		
vor her	geh	en		
da hin	geh	en		
da hin	geh	end	AV	
da neben	geh	en		
hin über	geh	en		
vor über	geh	en		
her um	geh	en	S	
her unter	geh	en		
hin unter	geh	en		
da von	geh	en		
her vor	geh	en		
hin weg	geh	en		
aus ein ander	geh	en		

Be	gehr		NM	A
be	gehr	en		
Be	gehr	en	NN	
be	gehr	lich		
Be	gehr	lich	keit	
auf be	gehr	en		

auf gei	en

be geifer	n

ver geil	en
Ver geil	ung

GEIST ER: siehe GEIST

be geist	er n
sich be geist	er n
be geist	er nd
Be geist	er ung

ent	geist	er	t	
um 'her	geist	er	n	
her um	geist	er	n	

GEIST IG: siehe GEIST

durch	geist	ig	t	
ver	geist	ig	en	
Ver	geist	ig	ung	

ent	geiz	en

Ab	geld	NN
An	geld	NN
Auf	geld	NN

ab	gelt	en		
Ent	gelt		NN	
ent	gelt	en		
ent	gelt	lich		I
ver	gelt	en		
Ver	gelt	ung		
un ent	gelt	lich		

un	genier	t	
Un	genier	t	heit

ur	german	isch
vor	german	isch

un	gern	AV

ver	gess	en		
sich ver	gess	en		
Ver	gess	en	heit	
ver	gess	lich		
Ver	gess	lich	keit	
un ge	gess	en	A	S
un ver	gess	en	A	
un ver	gess	lich		

vor	gester	n	AV	
vor vor	gester	n	AV	S
vor	gest	r	ig	

ver	geud	en
Ver	geud	ung

be	gicht	en	T

GIEB: siehe GEB

aus	gieb	ig	
Aus	gieb	ig	keit
er	gieb	ig	
Er	gieb	ig	keit
nach	gieb	ig	
Nach	gieb	ig	keit
un er	gieb	ig	
Un er	gieb	ig	keit
un nach	gieb	ig	
Un nach	gieb	ig	keit

```
        GIER: siehe GEHR               be glas en
   Be gier         NF                  Be glas ung
   Be gier de                          Fern glas     NN
   be gier ig                          über'glas en
                                       ver glas en
   ab giess en                         Ver glas ung
   an giess en
   auf giess en                        ab glätt en
   aus giess en
   Aus giess ung                       Un glaub e
   be giess en                         un glaub haft
  'durch giess en                      un gläub ig
   ein giess en                        Un gläub ig keit
   er giess en                         un glaub lich
sich er giess en                       be glaub ig en
   fort giess en                       Be glaub ig ung
   hin giess en
   hinter giess en        S            ab gleich en
   hinter giess en                     an gleich en
   nach giess en                       An gleich ung
   über'giess en                       Aus gleich     NM
  'über giess en                       aus gleich bar
   UEber giess ung                     aus gleich en
  'um giess en                         Aus gleich ung
   ver giess en                        be gleich en
  'voll giess en                       Be gleich ung
   zu giess en                         in gleich en      AV  A
zusammen giess en                      ob gleich      C
  her ab giess en                      un gleich      A
 hin aus giess en                      Un gleich heit
her unter giess en                     Ver gleich     NM
hin unter giess en                     ver gleich bar
                                       Ver gleich bar keit
   ent gift en                         ver gleich en
   Ent gift ung                        Ver gleich ung
   Gegen gift      NN                  zu gleich      AV
   Mit gift        NF              un ver gleich bar
   un gift ig                      Un ver gleich bar keit
   ver gift en                     un ver gleich lich
   Ver gift ung
                                       auf gleis en
   ver gilb en                         Auf gleis ung
                                       ent gleis en
   Be ginn        NM                   Ent gleis ung
   be ginn en
   An be ginn      NM  P                   GLEIT: siehe LEIT
   Ur be ginn      NM                  ab gleit en
Wieder be ginn     NM                  aus gleit en
'wieder be ginn en                     be gleit en
                                       Be gleit er
   ein gips en                         Be gleit erin
   Ein gips ung                        Be gleit ung
   ver gips en                         ent gleit en
                                       nieder gleit en
   ein gitter n                     her ab gleit en
   ver gitter n                    her aus gleit en
   Ver gitter ung                   her be gleit en
                                     hin be gleit en
   Ab glanz       NM            zurück be gleit en
   er glänz en                     her ein gleit en
   um'glänz en                 hin auf be gleit en
                               hin aus be gleit en
```

---

hin unter be gleit en

ver gletscher n
Ver gletscher ung

GLICH: siehe GLEICH
un be glich en   A
aus ge glich en   A
Aus ge glich en heit
un aus ge glich en   A
Un aus ge glich en heit

Mit glied   NN
Vorder glied   NN
Zwischen glied   NN
an glied er n
An glied er ung
auf glied er n
Auf glied er ung
aus glied er n
'durch glied er n
ein glied er n
Ein glied er ung
Rück glied er ung
'unter glied er n
Unter glied er ung
zer glied er n
Zer glied er ung

auf glimm en
aus glimm en
ver glimm en

Un glimpf   NM A
ver un glimpf en
Ver un glimpf ung

ab glitsch en
aus glitsch en   S

an glotz en   S

be glück en
Be glück er
Be glück ung
miss glück en
über glück lich
Un glück   NN
un glück lich
ver un glück en

be glück-wunsch en

auf glüh en
aus glüh en   T
Aus glüh ung   T
'durch glüh en
durch'glüh en   P
er glüh en
ver glüh en

be gnad en

Un gnad e
un gnäd ig
Un gnäd ig keit
be gnad ig en
Be gnad ig ung

sich be gnüg en
Ver gnüg en   NN
ver gnüg en
ver gnüg lich
ver gnüg t
Ver gnüg ung
miss ver gnüg en
miss ver gnüg t

über'gold en
ver gold en
Ver gold er
Ver gold ung

an gondel n   S

miss gönn en
ver gönn en

GOR: siehe GAR
un ver gor en   A

GOSS: siehe GIESS
an ge goss en   A
hin ge goss en   A   S

Ab gott   NM
Ab gött erei
Ab gött in
ab gött isch
ent gott en
Ent gott ung
ver gott en
Ver gott ung
ent gött er n
Ent gött er ung
ver gött er n
Ver gött er ung

er götz en
er götz lich
Er götz lich keit
Er götz ung

ab grab en
auf grab en
aus grab en
Aus gräb er
Aus grab ung
be grab en
Be gräb nis
ein grab en
sich ein grab en
'um grab en
unter'grab en
'unter grab en

```
    Unter grab ung                          Ab grenz ung
        ver grab en                         an grenz en
                                            be grenz en
            GRAD IG: siehe RAD 1            Be grenz t heit
        be grad ig en                       Be grenz ung
        Be grad ig ung                      um'grenz en
                                            Um grenz ung
    sich ab grän en                         un be grenz t
        ver grän en                         Un be grenz t heit
                                    an ein ander grenz en
        be grann t
                                                GRIFF: siehe GREIF
        ab gras en                          An griff      NM
                                            Be griff      NM
        ab grat en                          be griff en      A
       aus grät en                          be griff lich
       ent grät en                        Durch griff      NM
      Rück grat      NN                      Ein griff      NM   T
                                             er griff en      A
        ab grätsch en                        Er griff en heit
                                            Miss griff      NM
        er grau en                          Rück griff      NM   L
     an ge grau t                          UEber griff      NM
                                           Unter griff      NM   T
       ein grav ier en                       ver griff en      A
                                             Vor griff
        un graziös      A                     Zu griff      NM
                                       Gegen an griff      NM
        ab greif en                      ein be griff en      A
        an greif bar                      In be griff      NM
        an greif en                       in be griff en      A
    sich an greif en                     Ober be griff      NM
        An greif er                     Unter be griff      NM
       auf greif en                       ab ge griff en      A
       aus greif en                       an ge griff en      A
        be greif en                       An ge griff en heit
        be greif lich
      'durch greif en                        er grimm en
        ein greif en                         In grimm      NM
        er greif en                          in grimm ig
        Er greif ung
      'über greif en                          an grins en      S
    sich ver greif en
        vor greif en                         ver gröb er n
         zu greif en                    sich ver gröb er n
     zurück greif en                         Ver gröb er ung
    un an greif bar
   her aus greif en                          an grobs en      S
    ein be greif en
    un be greif lich                         Ge gröl e      NN
    hin ein greif en
  'wieder er greif en                       über gross      A
  Wieder er greif ung                   Zwischen gröss e
    hin über greif en                        ver gröss er n
    her um greif en                     sich ver gröss er n
    un vor greif lich      A                 Ver gröss er ung
 in ein ander greif en
                                            nach grübel n
        ver greis en
        Ver greis ung                   sich be grün en

        ab grenz en                         Ab grund      NM
```

```
ab  gründ  ig                          be  günst  ig  en
be  gründ  en                          Be  günst  ig  ung
be  gründ  end                         ver günst  ig  en
Be  gründ  er                          Ver günst  ig  ung
Be  gründ  ung
er  gründ  en                          ent gurt  en
er  gründ  lich                        ent gürt  en
Gegen grund      NM                    um'gürt  en
Hinter grund     NM
hinter gründ ig                        Ab  guss       NM
Unter grund      NM                    An  guss       NM
unter gründ ig                         Auf guss       NM
Ur  grund        NM                    Aus guss       NM
Vorder grund     NM                    Ein guss       NM
    zu grund  e      AV                Er  guss       NM
un be gründ  et
un er gründ  bar                       un  gut        A
Un er gründ  bar keit                  ver güt  en
un er gründ  lich                      Ver güt  ung
Un er gründ  lich keit                     zu gut  e      AV
                                       rück ver güt  en
    Ge grunz  e      NN                Rück ver güt  ung
                                       be  güt  er t
Unter grupp  e                         be  güt  ig  en
'um grupp  ier en
Um  grupp  ier ung                     be  gut-acht  en
                                       Be  gut-acht  er
    be  grüss  en                      Be  gut-acht  ung
    Be  grüss  ung
Gegen gruss      NM                    'wieder gut-mach en
'wieder grüss en                       Wieder  gut-mach ung

    ab  guck  en                       sich be haar  en
    an  guck  en                       Be  haar  ung
    Aus guck      NM                   ent haar  en
    aus guck  en                       Ent haar  ung
    be  guck  en          S            wider haar  ig
'durch guck  en          S             un be haar  t
    nach guck  en          S
sich 'um guck  en                          ab  hab en          S
sich ver guck  en          S               an  hab en
    zu guck  en          S                 auf hab en
her aus guck  en                           aus hab en
hin aus guck  en                       Be  hab en     NN  A
her über guck  en                      sich be hab en          A
hin über guck  en                          be  häb ig
her vor guck  en                       Be  häb ig  keit
                                           er  hab en     A
    un gült ig                             Er  hab en heit
    Un gült ig  keit                    Ge  hab e     NN  A
    voll gült ig                        Ge  hab en     NN
    Voll gült ig  keit                 sich ge hab en          A
                                       her hab en          S
    Ab  gunst     NF                   hin hab en          S
    ab  günst ig                        In  hab er
Miss gunst     NF                       In  hab erin
miss günst ig                          inne hab en
    Un  gunst     NF                   mit hab en
    un günst ig                        'über hab en          S
    Ver gunst     NF  A                 'um hab en          S
    zu gunst en        P               vor hab en     A
zu un gunst en        P                 Vor hab en     NN
```

weg hab en		S	
'wieder hab en			
zurück hab en		S	
her aus hab en		S	
vor aus hab en			
Mit in hab er			
ab hack en			
auf hack en			
aus hack en			
be hack en			
'durch hack en			
Ge hack tes	NN		
'um hack en			
zer hack en			
her um hack en		S	
Aussen hafen	NM		
Vor hafen	NM		
an haft en			
be haft et			
ver haft en			
Ver haft ung			
in haft ier en			
In haft ier ung			
be hag en			
Be hag en	NN		
be hag lich			
Be hag lich keit			
miss be hag en			
Miss be hag en	NN		
Un be hag en	NN		
un be hag lich			
Un be hag lich keit			
ver hagel n			
an häger n			
An häger ung			
ab hak en			
an hak en			
auf hak en			
aus hak en			
ein hak en			
sich ein hak en			
'unter hak en			
'wider hak en			
zu hak en			
ausser halb	P		
inner halb	P		
ober halb	P		
unter halb	P		
ab halfter n			
an halfter n			
durch'hall en			
Nach hall	NM		

nach hall en			
ver hall en			
Vor hall e			
Wider hall	NM		
'wider hall en			
ab hals en			
auf hals en			
um'hals en			
ab halt en			
Ab halt ung			
An halt	NM		
an halt en			
sich an halt en			
An halt er			
auf halt en			
sich auf halt en			
aus halt en			
be halt en			
Be hält er			
Be hält nis			
'durch halt en			
Ein halt	NM		
ein halt en			
ent halt en			
sich ent halt en			
ent halt sam			
Ent halt sam keit			
Ent halt ung			
Er halt	NM		
er halt en			
Er halt er			
er hält lich			
Er halt ung			
fern halt en			
Ge halt	NM		
ge halt en			PP
ge halt los			
Ge halt los ig keit			
ge halt voll			
her halt en			
hin halt en			
Hinter halt	NM		
hinter hält ig			
Hinter hält ig keit			
In halt	NM		
in halt lich			
in halt s los			
in halt s voll			
inne halt en			
mit halt en			S
nach halt en			
nach halt ig			
nieder halt en			
Rück halt	NM		
rück halt los			
UEber hält er			
un halt bar			
Un halt bar keit			
Unter halt	NM		
'unter halt en			

```
      unter'halt en                    sich da zu halt en              S
      Unter halt er                   aus ein ander halt en
      unter halt lich               gegen ein ander halt en
      unter halt sam
      Unter halt sam keit               Erz halunk e           NM
      Unter halt ung
        ver halt en                       ab hand en          AV
        Ver halt en        NN  T          an hand             P
  sich ver halt en                     Hinter hand             NF
        Ver halt en heit                Ober hand             NF
        Ver hÄlt nis                    RÜck hand             NF
        Ver halt ung                      un hand lich
        Vor halt     NM  T               Un hand lich keit
        vor halt en                      Vor hand             NF  T
        Vor halt ung                     vor hand en           A
        weg halt en                    vorder hand            AV
         zu halt en                    Vorder hand             NF  T
         Zu hÄlt er                       zu hand en          AV  A
         Zu hÄlt erei                    aus hÄnd ig en
         zu hÄlt er isch                 Aus hÄnd ig ung
      zurÜck halt en                     ein hÄnd ig en
      ZurÜck halt ung                    Ein hÄnd ig ung
   Zusammen halt       NM
   zusammen halt en                      ab handel n
   Zwischen halt       NM  CH            aus handel n
sich dar an halt en        S          Aussen handel          NM
       her an halt en                     be handel n
  sich her an halt en        S           ein handel n
       un auf halt bar                    er handel n
       Un auf halt bar keit             miss handel n
       un auf halt sam               unter'handel n
       Un auf halt sam keit             ver handel n
       her aus halt en              Zwischen handel          NM
  sich her aus halt en                  vor be handel n
       hin aus halt en               da gegen handel n
        ab be halt en               ent gegen handel n
        an be halt en                  zu wider handel n
        auf be halt en               Zu wider handel nde
        bei be halt en                 Ab hand l ung
        da be halt en                  Be hand l ung
        ein be halt en                 Miss hand l ung
      'Über be halt en        S       Neben hand l ung
       Übrig be halt en               Unter hÄnd l er
        'um be halt en        S       Unter hand l ung
        Vor be halt       NM           Ver hand l ung
        vor be halt en               Wider hand l ung                CH
        vor be halt lich          Zwischen hÄnd l er
        vor be halt los             Nach be hand l ung               T
      zurÜck be halt en               Vor be hand l ung
       hin ein halt en             Vor ver hand l ung
       Auf ent halt       NM       Zu wider hand l ung
        vor ent halt en
        Vor ent halt ung               ge handikap t
     'wieder er halt en
      zurÜck er halt en                 Ab hang             NM
        da fÜr halt en                  ab hÄng en
        un ge halt en        A          ab hÄng ig
        Un ge halt en heit              Ab hÄng ig keit
      da gegen halt en                  An hang             NM
    ent gegen halt en                   an hÄng en
       be in halt en                    an hang en
    Miss ver hÄlt nis                   An hÄng er
```

An häng er schaft	un harmon isch
an häng ig	
an häng lich	ge harnisch t A
An häng lich keit	
An häng sel NN	aus harr en
auf häng en	be harr en
Auf häng er	be harr lich
Auf häng ung	Be harr lich keit
Aus hang NM	Be harr ung
aus häng en	ver harr en
Aus häng er	
Be hang NM	ver harsch en
be häng en	
Durch hang NM	ab härt en
'durch häng en	Ab härt ung
ein häng en	ent härt en
er häng en	Ent härt ung
sich er häng en	er härt en
Ge häng e NN	Er härt ung
hin häng en	ver härt en
nach häng en	Ver härt ung
UEber hang NM A	
'über häng en	ver 'harz en
Um hang NM	
'um häng en	er hasch en
ver hang en	
ver häng en	ab haspel n
Ver häng nis	sich ver haspel n S
ver häng nis voll	
Ver häng ung	ge häss ig
Vor hang NM	Ge häss ig keit
vor häng en	ver hass t
weg häng en	
zu häng en	über'hast en
Zusammen hang NM	UEber hast ung
zusammen hang en A	
zusammen häng en	ver hätschel n
zusammen hang los	Ver hätschel ung
Zusammen hang los ig keit	
her ab häng en	ab hau en
un ab häng ig	an hau en
Un ab häng ig keit	auf hau en
her aus häng en	Aus hau NM
hin aus häng en	aus hau en
hin ein häng en	be hau en
sich hin ein häng en S	'durch hau en
her über häng en	sich 'durch hau en
hin über häng en	ein hau en S
her unter häng en S	hin hau en S
un zusammen häng end	sich hin hau en S
an ein ander häng en	los hau en
auf ein ander häng en	nieder hau en
	'um hau en
her um hant ier en S	Ver hau NM
	ver hau en
HAR: siehe HAAR	sich ver hau en S
aus här en	weg hau en
	zer hau en
auf hark en	zu hau en
	zusammen hau en
sich ab härm en	her aus hau en S
ver härm t	un be hau en A

```
da neben hau en                              Ent heb ung
her unter hau en              S               er heb en
                                         sich er heb en
       aus hauch en                           er heb lich
       be hauch en                         Er heb lich keit
       ein hauch en                        Er heb ung
                                          Rück heb el          NM
       An hauck        NM               über'heb en
       an hauck en                 sich über'heb en
                                         über heb lich
       an häuf en                      UEber heb lich keit
  sich an häuf en                         Ur heb er
       An häuf ung                        Ur heb erin
       auf häuf en                        Ur heb er schaft
       Auf häuf ung                  sich ver heb en
     über'häuf en                     sich weg heb en              P
    UEber häuf ung                     her auf heb en
       zu hauf        AV  P            hin auf heb en
auf ein ander häuf en                  her aus heb en
                                  sich her aus heb en
       be haupt en                     hin ein heb en
  sich be haupt en                      un er heb lich
       Be haupt ung                    hin über heb en
       ent haupt en                    her unter heb en
       Ent haupt ung                   her vor heb en
    Hinter haupt      NN                    ab heb er n
     Ober haupt       NN                    aus heb er n
      über haupt      AV                    Aus heb er ung
    Vorder haupt      NN
    Gegen be haupt ung                 'durch hechel n

       aus häus ig          S              aus heck en          S
       Be haus ung                         Ge heck       NN
       Ge häus e        NN
    Hinter haus      NN                     ver hedder n         S
     Neben haus      NN
     Ober haus       NN                     ver heer en
     Unter haus      NN                     Ver heer ung
    Vorder haus      NN
       zu haus e        AV                  an heft en
       Zu haus e        NN                  auf heft en
                                          Bei heft      NN
       ge häus el t         CH             ein heft en
                                           zu heft en
       ab häut en                     zusammen heft en
    Aussen haut       NF
       ent häut en                         ein heg en
       Ent häut ung                        Ein heg ung
     Ober haut       NF                     Ge heg e       NN
     Unter haut      NF
       Vor haut      NF                     ver hehl en

       ab heb en                           ab heil en
  sich ab heb en                           an heil en
       an heb en                           aus heil en
       auf heb en                          Aus heil ung
       Auf heb ung                         Un heil       NN
       aus heb en                          un heil bar
       Aus heb ung                         Un heil bar keit
       be heb en                           un heil voll
       Be heb ung                          ver heil en
       ent heb en                          zu heil en
```

---

zusammen heil en		ab helf en	
ent heil ig en		auf helf en	
Ent heil ig ung		aus helf en	
		Aus helf er	
da heim	AV	Be helf	NM
Da heim	NN	sich be helf en	
ein heim isch		'durch helf en	
Ein heim ische		ein helf en	
ge heim	A	Ein helf er	
Ge heim nis		fort helf en	
ge heim nis voll		mit helf en	
un heim lich	A	nach helf en	
un heim lich	AV	ver helf en	
Un heim lich keit		weiter helf en	
ins ge heim	AV	her ab helf en	
be heim at et		her auf helf en	
Ur heim at	NF	hin auf helf en	
an heim el n		her aus helf en	
an heim el nd		her ein helf en	
ver heim lich en		hin ein helf en	
Ver heim lich ung		her über helf en	S
hin ein ge heim niss en	S	hin über helf en	
ein heim s en		her unter helf en	S
		hin unter helf en	
Ein hei-rat	NF		
ein hei-rat en		auf hell en	
Miss hei-rat	NF	sich auf hell en	
ver hei-rat en		Auf hell ung	
Ver hei-rat ung		ein hell ig	
hin ein hei-rat en		Ein hell ig keit	
an ge hei-rat et		er hell en	
un ver hei-rat et		sich er hell en	
'wieder ver hei-rat en		miss hell ig	
Wieder ver hei-rat ung		Miss hell ig keit	
		be hell ig en	
an heisch ig		Be hell ig ung	
er heisch en		un be hell ig t	
Ge heiss	NN	be helm t	
ver heiss en			
Ver heiss ung		Ober hemd	NN
ver heiss ung s voll		Unter hemd	NN
		Vor hemd	NN
auf heiter n			
sich auf heiter n		ent hemm en	
Auf heiter ung		Ent hemm ung	
er heiter n		un ge hemm t	
sich er heiter n			
Er heiter ung		be hend	A
an ge heiter t	S	Be hend ig keit	
an heiz en		Ge henk	NN
be heiz en		sich ein henk el n	
Be heiz ung			
'durch heiz en		bei her	AV
ein heiz en		da her	C
Fern heiz ung		da her	AV
nach heiz en		fern her	AV
über'heiz en		hinter her	AV
ver heiz en		nach her	AV
un ge heiz t		neben her	AV
		vor her	AV

```
        vor her ig                    Durch hieb      NM
       weit her      AV               Gegen hieb      NM
    zwischen her      AV
neben ein ander her   AV                 da hier      AV   A

        be herberg en                ein hiev en
        Be herberg ung
                                        HILF: siehe HELF
       ein herbst en                 Ab hilf e
      Nach herbst    NM              Aus hilf e
                                     be hilf lich
       Mit herr schaft              Bei hilf e
      Ober herr     NM              Ein hilf e
      Ober herr schaft              Ge hilf e        NM
       Vor herr schaft              Ge hilf in
       ver herr lich en             Mit hilf e
       Ver herr lich ung            Nach hilf e
        an herr sch en
        be herr sch bar               an himmel n          S
        be herr sch en               ver himmel n          S
   sich be herr sch en               Ver himmel ung          S
        Be herr sch er
        Be herr sch erin               da hin      AV
        Be herr sch t heit           fern hin      AV
        Be herr sch ung              fort hin      AV   I
        vor herr sch en               mit hin      AV
                                    neben hin      AV
        be herz t                     um hin      AV
        Be herz t heit                vor hin      AV
       weit herz ig                  weit hin      AV
        be herz ig en              weiter hin      AV
        Be herz ig ung             dar auf hin      AV

        ab hetz en                    be hinder n
   sich ab hetz en                    Be hinder ung
        auf hetz en                   ver hinder n
        Auf hetz ung                  Ver hinder ung
        ver hetz en                un be hinder t
        Ver hetz ung               un ge hinder t
 auf ein ander hetz en
gegen ein ander hetz en             nach hink en

        er heuchel n                  da hinten      AV
        vor heuchel n        S
        Erz heuch l er                  HINTER: siehe HINTEN
                                      da hinter      AV
        an heuer n
        ge heuer     A                Ge hirn       NN
     Un ge heuer     NN           Hinter hirn       NN
     un ge heuer     A            Vorder hirn       NN
     un ge heuer     AV          Zwischen hirn       NN
     un ge heuer lich
                                     Bei hirsch     NM   H
        Ge heul     NN
        ver heul t                   Ober hirt e     NM
        vor heul en        S
                                        HITZ: siehe HEIZ
        be hex en                   Ab hitz e
        ver hex en                  er hitz en
                                sich er hitz en
        An hieb     NM                Er hitz ung
       Aus hieb     NM              über'hitz en
```

UEber hitz er
UEber hitz ung
vor er hitz en
Vor er hitz ung

        HO: siehe HOH
Ober ho heit

    ab hobel n
    be hobel n
un ge hobel t

    zu höch st   AV

sich hin hock en

Neben hode n   NP

    Ge höf t   NN
Hinter hof   NM
un höf lich
Un höf lich keit
Vor hof   NM
ver hof ier en   CH

    er hoff en
ver hoff en   H
un ver hoff t

    An höh e
    er höh en
    Er höh ung
über'höh en
UEber höh ung

    aus höhl en
    Aus höhl ung
durch'höhl en
Neben höhl e
unter'höhl en
    ver hohl en
un ver hohl en   A

    ver höhn en
    Ver höhn ung

    ver höker n

    ab hol en
    Ab hol er
    Ab hol ung
    an hol en
    auf hol en
    aus hol en
    bei hol en
'durch hol en   N
    ein hol en
    Ein hol ung
sich er hol en
    er hol sam
    Er hol ung
    her hol en   S

    nach hol en
    nieder hol en
    'über hol en
    über'hol en
    UEber hol ung
    ver hol en
    weg hol en
'wieder hol en
wieder'hol en
Wieder hol ung
zurück hol en
her an hol en
her auf hol en
her aus hol en
her bei hol en
her ein hol en
her über hol en
hin über hol en
her unter hol en
weit her ge hol t

    ab hold   A
    un hold   A
    Un hold   NM
    Un hold in

        HOLF: siehe HELF
un be holf en   A
Un be holf en heit

    Vor höll e

    ab holz en
    Ab holz ung
    aus holz en
    Aus holz ung
    ent holz en
    Ent holz ung
    Ge hölz   NN
    Ge holz e   NN   S
Nieder holz   NN
Unter holz   NN
    voll holz ig

    ab hör en
    an hör en
sich an hör en
    auf hör en
    Be hör de
    be hör dlich
'durch hör en   S
    er hör en
    Er hör ung
    Fern hör er
    Ge hör   NN
    ge hör en
    ge hör ig
    ge hör los
    Ge hör los ig keit
    Ge hor sam   NM
    ge hor sam
    Ge hor sam keit

```
her hör en          S              Ein hüll ung
hin hör en                         ent hüll en
mit hör en                         Ent hüll ung
Mit hör er                         um'hüll en
über'hör en                        Um hüll ung
sich 'um hör en                    ver hüll en
un hör bar                         Ver hüll ung
Un hör bar keit                un ver hüll t
Ver hör        NN
ver hör en                         aus hüls en
'wieder hör en                     ent hüls en
zu hör en
Zu hör er                          aus hunger n
un auf hör lich                    Aus hunger ung
Zu be hör      NN          sich 'durch hunger n
un er hör t                        ver hunger n
an ge hör en
an ge hör ig                       ver hunz en          S
An ge hör ig e
An ge hör ig keit              'durch husch en
hin ge hör en
un ge hör ig                       aus hust en
Un ge hör ig keit
Un ge hor sam      NM              be hüt en
un ge hor sam                      Be hüt er
un ge hör t                        be hut sam
zu ge hör en        P              Be hut sam keit
zu ge hör ig        A              Be hüt ung
Zu ge hör ig keit             Nach hut      NF
zusammen ge hör en                Ob hut      NF
zusammen ge hör ig                ver hüt en
Zusammen ge hör ig keit           Ver hüt ung
da zu ge hör ig               Vor hut      NF

ab horch en                       ver hütt en
auf horch en                      Ver hütt ung
aus horch en
Aus horch er                      ver hutzel t
be horch en
ge horch en                       un hygien isch
hin horch en          S
her um horch en       S           ein impf en
                                  Ein impf ung
Ge hörn      NN                   nach impf en
ge hörn t                         Nach impf ung
ver horn en                       'wieder impf en
Ver horn ung                      Wieder impf ung

be hos t                          dar in      AV
Unter hos e      NF
                              Ober ingenieur      NM
HUB: siehe HEB
Ab hub      NM                    dar inn en      AV
Aus hub     NM
                                  er inner lich
ver hudel n         S             er inner n
                              sich er inner n
Be huf      NM  C                 Er inner ung
be huf s      P  C            Rück er inner ung
be huf t        T        sich 'wieder er inner n
                         sich zurück er inner n      S
ein hüll en                   Zurück er inner ung      S
```

```
    ver inner lich en                an ge jahr t
    Ver inner lich ung               un ver jähr bar

Ober inspektor       NM             be jammer n
                                     Ge jammer        NN
    un interessant       A           vor jammer n           S

    ober ird isch                   auf jauchz en
    über ird isch                    zu jauchz en
    unter ird isch              ent gegen jauchz en

    ab irr en                        ein joch en
    Ab irr ung           T        unter'joch en
    be irr en
    durch'irr en                     Ge johl e       NN
sich ver irr en
    Ver irr ung                     auf jubel n
    un be irr bar                    be jubel n
    Un be irr bar keit               ver jubel n            S
    un be irr t                      zu jubel n
    um 'her irr en              ent gegen jubel n
    her um irr en        S
                                     ver jüng en
    aus ix en                       Ver jüng ung

Unter jacke          NN                JUNGFER: siehe JUNG
                                 ent jungfer n
    ab jag en                    Ent jungfer ung
sich ab jag en
    an jag en                        ver jux en             S
    auf jag en
    durch'jag en                     ein kachel n
    'durch jag en
    ein jag en                       ver kad m en
    er jag en
    fort jag en                  Gegen kaiser       NM
    her jag en
    nach jag en                      ver kalb en
    Ober jäg er
    ver jag en                       ent kalk en
    weg jag en                       Ent kalk ung
    zurück jag en                    ver kalk en
    hin aus jag en                   Ver kalk ung
    ein her jag en
    um 'her jag en                   Vor kalkul ation        NF
aus ein ander jag en                 ein kalkul ier en
                                 sich ver kalkul ier en
        JAGD: siehe JAG
Nieder jagd      NF              durch'kält en
                                     er kalt en
    be jah en                 sich er kält en
    Be jah ung                       Er kalt ung
                                     Er kält ung
    be jahr t
    Miss jahr      NN                un kamerad schaft lich
    über jähr ig           A         Un kamerad schaft lich k
    ver jähr en
    Ver jähr ung                     ab kämm en
    voll jähr ig                     auf kämm en
    Voll jähr ig keit                aus kämm en
    Vor jahr      NN              'durch kämm en
    vor jähr ig                      ver kämm en
```

zurück kämm en

Erz kämmer er
Vor kammer   NF

an kämpf en
aus kämpf en
be kämpf en
Be kämpf ung
'durch kämpf en
sich 'durch kämpf en
er kämpf en
mit kämpf en
Mit kämpf er
nieder kämpf en
Vor kämpf er
Vor kämpf erin
ab ge kämpf t

Unter kanal   NM

Gegen kandidat   NM

über kandid el t

KANN: siehe KENN
be kann t
Be kann te
Be kann t heit
be kann t lich
un be kann t
an er kann t
un er kann t

ab kant en
be kant en
ver kant en

ab kanzel n
Erz kanz l er

ab kapitel n
aus kapitel n   S

ab kapp en
ver kapp en

ab kapsel n
sich ab kapsel n
ein kapsel n
Ein kapsel ung
sich ver kapsel n
Ver kapsel ung

sich ab karg en

ver karst en
Ver karst ung

ab kart en
ab ge kart et

ver käs en
Ver käs ung

Voll kaskó   NN

ein kass ier en
Ein kass ier ung

ver kater t

Gegen kathode   NF

'durch kau en
hinter kau en   S
ver kau en   A
vor kau en
'wieder käu en
Wieder käu er
zer kau en

sich hin kauer n

ab kauf en
An kauf   NM
an kauf en
An käuf er
Auf kauf   NM
auf kauf en
Auf käuf er
aus kauf en
Ein kauf   NM
ein kauf en
Ein käuf er
er kauf en
Los kauf   NM
los kauf en
Rück kauf   NM
Ver kauf   NM
ver kauf en
sich ver kauf en
Ver käuf er
Ver käuf erin
ver käuf lich
Ver käuf lich keit
Wieder kauf   NM
Wieder käuf er
zurück kauf en
Aus ver kauf   NM
aus ver kauf en
Rück ver kauf   NM
un ver käuf lich
Un ver käuf lich keit
Vor ver kauf   NM
Weiter ver kauf   NM
Wieder ver kauf   NM
'wieder ver kauf en
Wieder ver käuf er

ver kaupel n   S

sich er keck en

```
          aus kegel n          S          her vor keim en

          ab kehl en                     ein keller n
          aus kehl en                    Ein keller ung
          Aus kehl ung                   unter'keller n
          ver kehl en                    Unter keller ung

1          Ab kehr      NF                    KELLNER: siehe KELLER
1     sich ab kehr en               Ober kellner      NM
1         an kehr ig        CH
1         auf kehr en              aus kelter n
1         be kehr bar
1         be kehr en          sich aus kenn en
1         Be kehr er                 be kenn en
1         Be kehr ung                Be kenn er
1        Ein kehr      NF            Be kenn t nis
1        ein kehr en                be kenn t nis haft
1       Rück kehr      NF            er kenn bar
1         Um kehr      NF            Er kenn bar keit
1         um kehr bar                er kenn en
1        'um kehr en                 er kenn t lich
1         Um kehr ung                Er kenn t lich keit
1        Ver kehr      NM            Er kenn t nis      NF
1        ver kehr en                 Er Kenn ung
1        ver kehr t                  un kenn t lich
1        Ver kehr t heit             Un kenn t lich keit
1        Ver kehr ung                Un kenn t nis
1        Vor kehr      NF CH         ver kenn en
1        vor kehr en         CH      Ver kenn ung
1        Vor kehr ung                Vor kenn t nis se      NP
1        weg kehr en            her aus kenn en
1     Wieder kehr      NF           ein be kenn en          AU
1    'wieder kehr en               Ein be kenn ung          AU
1         zu kehr en                ab er kenn en          L
1      zurück kehr en              Ab er kenn ung
1     her aus kehr en              an er kenn en
1      um ge kehr t                An er kenn t nis
1   Fern ver kehr      NM          An er kenn ung
1     her vor kehr en              un er kenn bar
                               'wieder er kenn en
2         ab kehr en          Wieder er kenn ung
2        aus kehr en                 zu er kenn en
2        weg kehr en                 Zu er kenn ung
2   zusammen kehr en              un ver kenn bar
2    hin aus kehr en
                                     an kerb en
          Ge keif e      NN          aus kerb en
                                     Aus kerb ung
          an keil en                 ein kerb en
          aus keil en                Ein kerb ung
          Aus keil ung
          ein keil en                Voll kerf      NM
        unter'keil en        T
          ver keil en                ein kerker n
     sich ver keil en                Ein kerker ung

          auf keim en                aus kern en
          ent keim en                ent kern en
          Ent keim ung               Ent kern er
           Ur keim      NM           Ent kern ung
          Vor keim      NM       Zwischen kern      NM
          vor keim en
```

```
   ein kessel n              Neben klag e            L
   Ein kessel ung            Neben klüg er           L
                             ver klag en
   an kett en                Wider klag e
   los kett en               Wider klüg er
   ver kett en               An ge klag te
   Ver kett ung
zusammen kett en                KLAMM: siehe KLEMM
    ab kett el n             ver klamm en

    un keusch      A             KLAMMER: siehe KLEMM
    Un keusch heit            an klammer n
                           sich an klammer n
  Ober kiefer     NM          aus klammer n
 Unter kiefer     NM          ein klammer n
                              Ein klammer ung
Hinter kiem er      NM        um'klammer n
Vorder kiem er      NP        Um klammer ung
                              ver klammer n
    KIES: siehe KOR           Ver klammer ung
    er kies en        A   zusammen klammer n

  ver kiesel n               aus klamüser n          S
  Ver kiesel ung
                    aus ein ander klamüs er n        S
   un kind lich
   Un kind lich keit            An klang       NM
                               Aus klang       NM
 Unter kinn     NN             Bei klang       NM
                               Ein klang       NM
 'über kipp en                Miss klang       NM
  'um kipp en                 Nach klang       NM
                           Zusammen klang      NM  T
ausser kirch lich
    un kirch lich               auf klapp en
    Ur kirch e      NF          um klapp bar
                               'um klapp en
   ver kitsch en                zu klapp en
   ver kitsch en       S    zusammen klapp bar
   Ver kitsch ung           zusammen klapp en
                              her auf klapp en
    an kitt en            her unter klapp en
   aus kitt en
   ein kitt en                  KLAPPER: siehe KLAPP
   Ein kitt ung               ab klapper n          S
   ver kitt en                Ge klapper     NN
zusammen kitt en              ab ge klapper t

    Ge klüff      NN         ver klaps en           S
aus ein ander klaff en
                              ab klär en
   An klag e                  Ab klär ung
   an klag en                auf klär en
   An klüg er                auf klar en
   an klüg er isch       sich auf klär en
   be klag en                Auf klär er           M
 sich be klag en             auf klär er isch
    Be klag te               Auf klär ung
   ein klag en                er klär bar
 Gegen klag e      NF         er klär en
 Gegen klüg er           sich er klär en
   Mit klüg er                Er klär er
```

---

er klär lich
Er klär ung
un klar   A
Un klar heit
ver klär en
ver klar en   LG
Ver klar ung
Ver klär ung
Gegen er klär ung
un er klär bar
Un er klär bar keit
un er klär lich
Un er klär lich keit
ab ge klär t
auf ge klär t
Auf ge klär t heit
un ge klär t
ver un klär end   CH
aus klar ier en   N
Aus klar ier ung   N
ein klar ier en   N
Ein klar ier ung   N

vor klass isch   NM

    KLASSIK: siehe KLASS
Vor klassik   NF
Vor klassik er

    Ab klatsch   NM
    ab klatsch en
    Ab klatsch ung
    be klatsch en
    ver klatsch en   S

    ab klaub en
    auf klaub en
    aus klaub en
her aus klaub en

    ver klausel n
    Ver klausel ung

    ver klausul ier en
    Ver klausul ier ung

    an kleb en
    auf kleb en
    aus kleb en
    be kleb en
    ein kleb en
    über'kleb en
    ver kleb en
    Ver kleb ung
    zu kleb en
zusammen kleb en

    er kleck lich
    be kleck er n   NG

    KLECKS: siehe KLECK
    be klecks en

    an kleid en
sich aus kleid en
    be kleid en
    Be kleid ung
    ein kleid en
    Ein kleid ung
    ent kleid en
    Ent kleid ung
    Ober kleid ung
    über'kleid en
    UEber kleid ung
    'um kleid en
    um'kleid en
    Um kleid ung
    Unter kleid   NN
    Unter kleid er   NP
    Unter kleid ung
    ver kleid en
sich ver kleid en
    Ver kleid ung
    Ober be kleid ung
    un be kleid et

    ver klein er n
sich ver klein er n
    Ver klein er ung
    zer klein er n
    Zer klein er ung

    be kleist er n
    ver kleist er n
    Ver kleist er ung
    zu kleist er n
zusammen kleist er n   S

    ab klemm en
    be klemm en
    Be klemm ung
    ein klemm en

    er klett er n
    Er klett er ung
her ab klett er n
her auf klett er n
hin auf klett er n
her aus klett er n
hin aus klett er n
her ein klett er n
hin ein klett er n
her über klett er n
hin über klett er n
her unter klett er n
hin unter klett er n

    er klimm en
hin auf klimm en

    Ge klimper   NN

    ab kling en
    an kling en   S
    auf kling en

aus kling en	ab knall en
durch'kling en	sich ver knall en S
'durch kling en	zer knall en
er kling en	zu knall en S
mit kling en	her unter knall en S
nach kling en	
ver kling en	ab knapp en
weiter kling en	ver knapp en
'wider kling en	sich ver knapp en
zusammen kling en	Ver knapp ung

KLINGEL: siehe KLING   KNAPS: siehe KNAPP

ab klingel n	ab knaps en
an klingel n	
aus klingel n	Ge knatter NN
Ge klingel NN	
her aus klingel n	ab knaupel n

auf klink en	zer knautsch en S
aus klink en	
ein klink en	ab kneif en
zu klink en	aus kneif en S
	ver kneif en
Ge klirr NN	zusammen kneif en

KLOMM: siehe KLEMM   sich be kneip en   S

be klomm en	'durch knet en
Be klomm en heit	ein knet en
ab klopf en	ab knick en
an klopf en	Ab knick ung
aus klopf en	ein knick en
Aus klopf er	'um knick en
be klopf en	
ein klopf en	sich hin knie n
Ge klopf e NN	nieder knie n
zer klopf en	sich hin ein knie n S
her aus klopf en	sich da hinter knie n S

KLOPP: siehe KLOPF   KNIFF: siehe KNEIF

ver klopp en S	ver kniff en A
durch klüft et	ab knips en S
Ge klüft NN	an knips en
sich ver klüft en H	aus knips en S
zer klüft et	
	zer knirsch t
über klug A	Zer knirsch t heit
un klug A	Zer knirsch ung
aus klüg el n	
Aus klüg el ung	zer knitter n
er klüg el n	
	aus knobel n S
ab knabber n	
	ver knöch er n
auf knack en	Ver knöch er ung
ver knack en S	
zer knack en	aus knock en O
ver knacks en S	ab knöpf en
an ge knacks t S	an knöpf en

---

auf knöpf en		
vor knöpf en	S	
zu knöpf en		
zu ge knöpf t		
Zu ge knöpf t heit		
ver knorpel n		
Ver knorpel ung		
auf knot en		
ver knot en		
zer knüll en		
zusammen knüll en		
ab knüpf en		
an knüpf en		
auf knüpf en		
ein knüpf en		
ver knüpf en		
Ver knüpf ung		
zusammen knüpf en		
wieder 'an knüpf en		
nieder knüppel n		
ver knurr en	S	
sich ver knurr en	S	
ver knus en	NG	
ab knutsch en	S	
ab koch en		
Ab koch ung		
auf koch en		
aus koch en		
be koch en	S	
Bei koch	NM	
Bei köch in		
ein koch en		
'über koch en		
ver koch en		
zer koch en		
aus ge koch t	S	
an köder n		
aus koffer n		
an kohl en		
an kohl en	S	
ent kohl en		
Ent kohl ung		
In kohl ung	T	
ver kohl en		
Ver kohl ung		
ver kok en		
Ver kok ung		
aus kolk en	T	

Aus kolk ung	T	
un kolleg ial		
Innen kolonisat ion		
ur kom isch		
Ab komm e		
ab komm en		
Ab komm en	NN	
Ab komm en schaft		
ab kömm lich		
Ab kömm ling		
an komm en		
An kömm ling	NM	
auf komm en		
Auf komm en	NN	
Aus komm en	NN	
aus komm en		
aus kömm lich		
be komm en		
be kömm lich		
bei komm en		
'durch komm en		
ein komm en		
Ein komm en	NN	
ent komm en		
fort komm en		
Her komm en	NN	
her komm en		S
her kömm lich		
hin komm en		
los komm en		
mit komm en		
Nach komm e	NM	
nach komm en		
Nach komm en schaft		
Nach kömm ling		
nieder komm en		
über'komm en		
'um komm en		
Unter komm en	NN	
'unter komm en		
ver komm en		
Ver komm en heit		
Ver komm nis		CH
voll komm en	A	
Voll komm en heit		
vor komm en		
Vor komm en	NN	
Vor komm nis		
weg komm en		
weiter komm en		
'wieder komm en		
zu komm en		
zurück komm en		
zusammen komm en		
her ab komm en		
un ab kömm lich		
dar an komm en		S
her an komm en		

```
    vor an komm en                      'durch könn en              S
    her auf komm en                      fort könn en               S
    hin auf komm en                      hin könn en                S
    her aus komm en                      mit könn en                S
    hin aus komm en                    weiter könn en
     ab be komm en                     zurück könn en               S
     auf be komm en                    her auf könn en              S
   'durch be komm en        S          hin auf könn en              S
     her be komm en         S          her aus könn en              S
     los be komm en                    hin aus könn en              S
     mit be komm en         S          her ein könn en              S
   'über be komm en                    hin ein könn en              S
     weg be komm en         S          her über könn en             S
   'wieder be komm en                  hin über könn en             S
      zu be komm en         S          her unter könn en            S
   zurück be komm en                   hin unter könn en            S
    her bei komm en
    vor bei komm en                     ver konsum ier en              S
    her ein komm en
    hin ein komm en                     ab konterfei en
  Neben ein komm en        NN
  UEber ein komm en        NN            an kontra hier en
   über 'ein komm en
    ent gegen komm en                  nach kontrol ier en           S
    Ent gegen komm en      NN            un kontrol ier bar
     da her komm en
   hinter her komm en                  Hinter kopf        NM
    da hinter komm en       S          Vorder kopf        NM
    her über komm en
    hin über komm en                    ab koppel n
    her um komm en          S           an koppel n
   her unter komm en                   los koppel n
   hin unter komm en                   rück koppel n
    un voll komm en         A          Rück koppel ung
    Un voll komm en heit               ver koppel n
    da von komm en                     Ver koppel ung
    her vor komm en                  zusammen koppel n
     zu vor komm en                  rück ge koppel t          T
     zu vor komm end                  Gegen kopp l ung
     Zu vor komm en heit               Rück kopp l ung
     da zu komm en
    hin zu komm en                      an kör en
    un zu kömm lich        AU          aus er kor en
    Un zu kömm lich keit      AU        ent kork en
 da zwischen komm en                    ver kork en
   her aus be komm en                    zu kork en
   her ein be komm en
   hin ein be komm en                    KORKS: siehe KORK
   her um be komm en         S          ver korks en              S
    ver voll komm n en
    Ver voll komm n ung                  an körn en
                                        aus körn en
    ab kommand ier en                   ent körn en
  Ober kommand ier ender      NM        Ent körn ung
                                         ge körn t
   Ober kommando    NN                  ver körn en
                                       Voll korn        NN
  'über kompens ier en                 voll körn ig
  'durch kompon ier en                  ge körper t
                                       Ober körper          NM
   Gegen könig      NM
```

```
        un körper lich              er krank en
    Unter körper       NM          Er krank ung
      ver körper n                  an kränk el n
      Ver körper ung             an ge kränk el t

        un korrekt      A          be kränz en
        Un korrekt heit            Be kränz ung
  Vor aus korrekt or     NM        um'kränz en
  Vor aus korrekt ur     NF
                                   ab kratz en
1     Neben kost en      NP        auf kratz en
1        Un kost en      NP        aus kratz en
                                   Aus kratz ung
2       aus kost en                ein kratz en
2        Bei kost     NF      sich ein kratz en
2     'durch kost en                Ge krätz     NN   T
2       ver kost en        S        Ge kratz e        NN
2        Zu kost    NF              weg kratz en
2        be köst ig en             zer kratz en
2        Be köst ig ung       zusammen kratz en
2       ver köst ig en         her aus kratz en
                                auf ge kratz t
      unter köt ig
                                   Un kraut      NN
        an kotz en         S
                                 Miss kredit     NM
    her aus krabbel n
    hin aus krabbel n             an kreid en
    her ein krabbel n
    hin ein krabbel n             An kreis       NM
    her um krabbel n              ein kreis en
                                  Ein kreis ung
        ver krach en        S     In kreis       NM   T
  sich ver krach en        S      Um kreis       NM
                                  um'kreis en
        Ge krächz     NN          Um kreis ung

      ent kräft en                auf kreisch en
      Ent kräft ung               Ge kreisch     NN
   Gegen kraft     NF
      Ur kraft     NF             auf kremp el n
      ver kraft en               'um kremp el n
     Voll kraft     NF
      be kräft ig en              an kreuz en
      Be kräft ig ung             be kreuz en
                                durch'kreuz en
       ab krag en      A          Rück kreuz ung            T
      aus krag en              sich be kreuz ig en
      Aus krag ung
      vor krag en                 aus kriech en
                                 'durch kriech en
       Ge krakel     NN          durch'kriech en
                                  fort kriech en
       an krall en              'unter kriech en
                              sich ver kriech en
      aus kram en              hin auf kriech en
      ver kram en              her aus kriech en
      her um kram en      S     hin aus kriech en
                              hin durch kriech en
  sich ver krampf en           her ein kriech en
      Ver krampf ung           hin ein kriech en
sich zusammen krampf en         um 'her kriech en
```

```
hin über kriech en              sich ver kühl en           S
her um kriech en                    Ver kühl ung           S
hin unter kriech en
                                sich er kühn en
    ab krieg en
    auf krieg en                    KULTIV IER: siehe KULTUR
    be krieg en                 un kultiv ier t
  'durch krieg en
    fort krieg en               Un kultur          NF
    her krieg en       S
    hin krieg en       S            be kümmer n
    los krieg en                sich be kümmer n
    mit krieg en       S            Be kümmer nis
   'über krieg en      S            be kümmer· t
  'unter krieg en      S            ver kümmer n
    weg krieg en       S         un be kümmer t
    her aus krieg en             Un be kümmer t heit
    her ein krieg en
    hin ein krieg en   S            be kund en
    her um krieg en    S            er kund en
        un krieg er isch           Er kund ung
                                 un künd bar
    aus kristallis ier en        Un künd bar keit
                                 un kund ig
    un krit isch                 Ur kund e
                                 ur kund lich
        KRITT EL: siehe KRIT    ver kund en
    be kritt el n               weg kund ig
                                be ur kund en
    Ge kritzel      NN          Be ur kund ung
                                ver ur kund en              CH
    be krön en                  an künd ig en
    Be krön ung                 An künd ig ung
                                auf künd ig en
    ver kröpf en                er kund ig en
    Ver kröpf ung               Er kund ig ung
                                ver künd ig en
    Ge krös e       NN          Ver künd ig er
                                Ver künd ig ung
    ver krüm el n               aus kund schaft en
    zer krüm el n               Aus kund schaft er
                                Aus kund schaft ung
    ver krümm en
sich ver krümm en                   KUNFT: siehe KOMM
    Ver krümm ung               Ab kunft      NF
                                An kunft      NF
sich ver krümm el n      S       Aus kunft      NF
                                Aus kunft ei
    ver krüppel n               Ein künft e         NP
    Ver krüppel ung             Her kunft      NF
                                Hin kunft      NF    A
    über'krust en               ins künft ig             CH
                                Nieder kunft      NF
    aus kugel n                 Rück kunft      NF
                                Unter kunft      NF
    ab kühl en                  Wieder kunft      NF
sich ab kühl en                 Zu kunft      NF
    Ab kühl ung                 zu künft ig
    aus kühl en             Zusammen kunft      NF
    Aus kühl ung         Neben ein künft e         NP
unter'kühl en                 UEber ein kunft      NF
    Unter kühl ung       Da zwischen kunft      NF
```

```
     er künst el n                              Be  lad ung
  un ge künst el t                             bei  lad en
                                               Bei  lad ung
    ver kupfer n                            'durch  lad en
    Ver kupfer ung                            ein  lad en
                                              ein  lad end
     an kuppel n                              Ein  lad ung
    aus kuppel n                              ent  lad en
    ein kuppel n                        sich ent  lad en
    ver kuppel n                             Ent  lad er
    Ver kuppel ung                           Ent  lad ung
zusammen kuppel n                          Hinter  lad er
                                           Rück  lad ung
 1    Nach kur        NF                   Über'  lad en
 1     aus kur ier en                      Über  lad ung
                                           'um  lad en
 2         KUR: siehe KOR                    Um  lad ung
 2     er kür en            A              Ver  lad      NM   CH
                                           ver  lad en
     an kurbel n                           Ver  lad er
                                           Ver  lad ung
   Fern kurs     NM                        vor  lad en
    Vor kurs     NM                        Vor  lad ung
                                        Vorder  lad er
     ab kürz en                        Vor ent  lad ung
     Ab kürz ung                      Rück ver  lad ung
    ver kürz en
sich ver kürz en                            LAG: siehe LIEG
    Ver kürz ung                           Ab  lag e
                                           An  lag e
     ab küss en                           Auf  lag e
                                          Aus  lag e
     er lab en                             Be  lag     NM
                                          Bei  lag e
   Ge labber      NN  S                    Ein  lag e
                                           Ge  lag e        NN
     an lach en                         Hinter  lag e          CH
    auf lach en                         Nieder  lag e
    aus lach en                          Rück  lag e
     be lach en                            Um  lag e
    Ge lach e      NN  S                 Unter  lag e
    Ge läch ter       NN                  Ver  lag      NM
    los lach en                           Vor  lag e
    ver lach en                            Zu  lag e
     an läch el n                       Ur an  lag e
     be läch el n                      ver an  lag en
     zu läch el n                      Ver an  lag ung
                                       ver aus  lag en
    ver lack en                        Ver aus  lag ung
    Ver lack ung                     Wieder vor  lag e

     ge lack-meier t          S              LAGER: siehe LIEG
                                           ab  lager n
     ab lad en                             Ab  lager ung
     Ab lad er                             an  lager n
    auf lad en                             An  lager ung
    Aus lad      NM  CH                    aus  lager n
    aus lad en                            Aus  lager ung
    aus lad end                            Be  lager er
    Aus lad er          T                   be  lager n
    Aus lad ung                            Be  lager ung
     be lad en                            Bei  lager      NN
```

ein lager n		aus lang en	
Ein lager ung		Be lang	NM
Ge läger	NN	be lang en	
UEber lager	NN	be lang los	
über'lager n		Be lang los ig keit	
UEber lager ung		Be lang ung	
um'lager n		'durch lang en	
'um lager n		ein lang en	AU
ver lager n		ent lang	P
Ver lager ung		ent lang	AV
vor lager n		er lang en	
Wider lager	NN	Er lang ung	
		ge lang en	
er lahm en		her lang en	
Er lahm ung		hin lang en	
		hin läng lich	
LAHR: siehe LEHR		Ober läng e	
ge lahr t	A	un läng st	
Ge lahr t heit	A	Unter läng e	
		ver lang en	
ver lamm en		Ver lang en	NN
		zu lang en	
LAMM ER: siehe LEMM		zu läng lich	
be lämm er n		Zu läng lich keit	
		her auf lang en	
ab land ig	N	hin auf lang en	
An länd e		her aus lang en	
an land en		hin aus lang en	S
An land ung		an be lang en	
auf land ig		hin ein lang en	
Aus land	NN	'wieder er lang en	
Aus länd er		zurück er lang en	
Aus länd erei		her über lang en	
Aus länd erin		hin über lang en	
aus länd er isch		her unter lang en	S
Aussen land ung		hin unter lang en	
Ge länd e	NN	ab ver lang en	
Hinter land	NN	nach ver lang en	
In land	NN	un ver lang t	
In länd er		zurück ver lang en	
In länd erin		un zu läng lich	
in länd isch		Un zu läng lich keit	
Nieder länd er	NM	hin auf ge lang en	
nieder länd isch	T	ver läng er n	
Ober land	NN	Ver läng er ung	
Ober länd er		ver lang sam en	
ober länd isch			
Un land	NN I	ge lapp t	
Unter land	NN	ver läpp er n	S
Unter länd er		sich zusammen läpp er n	S
Unter länd erin			
ver land en		Ge lärm e	NN
Ver land ung			
Vor land	NN	ent larv en	
zu land e	AV	Ent larv ung	
Zwischen land ung			
		ver lasch en	
LAND ER: siehe LAD			
Ge länd er	NN	Ab lass	NM
		ab lass en	
an lang en		An lass	NM
Auf lang er	NM	an lass en	

```
         An lass er                        Zurück lass ung
         an läss lich                   zusammen lass en
         auf lass en                         her ab lass en
         auf läss ig      T                  Her ab lass ung
         Aus lass     NM                      un ab läss ig
         aus lass en                         ver an lass en
         Aus lass ung                        Ver an lass er
         be lass en                          Ver an lass ung
         da lass en                         her auf lass en        S
       Durch lass     NM                     hin auf lass en        S
      'durch lass en                         her aus lass en        S
       durch läss ig                         hin aus lass en        S
       Durch läss ig keit             sich her bei lass en
         Ein lass     NM                     vor bei lass en
         ein lass en                      un durch läss ig
    sich ein lass en                      Un durch läss ig keit
         Ein lass ung      L                her ein lass en        S
         ent lass en                        hin ein lass en        S
         Ent lass ung                        un er läss lich
          Er lass     NM                    aus ge lass en      A
          er lass en                        Aus ge lass en heit
          er läss lich      A            da hinten lass en
          Er lass ung                      her über lass en        S
        fort lass en                       hin über lass en        S
          Ge lass     NN                   her unter lass en        S
          ge lass en     A                 hin unter lass en
          Ge lass en heit                   un ver läss lich
         her lass en      S                 zu ver läss ig
         hin lass en      S                 Zu ver läss ig keit
      hinter lass en                      da von lass en        S
      Hinter lass en schaft                 un zu läss ig
      Hinter lass ung                    un zu ver läss ig
         los lass en                      Un zu ver läss ig keit
         mit lass en      S                ver nach läss ig en
        Nach lass     NM                   Ver nach läss ig ung
        nach lass en
        Nach lass en schaft                   auf last en
        Nach lass er                          aus last en
        nach läss ig                          Aus last ung
        Nach läss ig keit                      be last en
      nieder lass en                          Be last ung
 sich nieder lass en                          Bei last     NF  N
      Nieder lass ung                         ent last en
       über'lass en                           Ent last ung
       UEber lass ung                        Fern last er
       übrig lass en                        Gegen last     NF
       Unter lass     NM                    hinter last ig
      unter'lass en                          ober last ig
       Unter lass ung                       über'last en
         Ver lass     NM                     über last ig
         ver lass en                        UEber last ung
         ver lass en      A                   vor last ig
         Ver lass en heit                   vorder last ig
         ver läss lich                     'über be last en
         Ver läss lich keit                UEber be last ung
         vor lass en                         un be last et
         weg lass en                         vor be last et
         zer lass en                         Vor be last ung
          zu lass en                          be läst ig en
          zu läss ig                          Be läst ig ung
          Zu lass ung
      zurück lass en                          ver läster n        S
```

ab latsch en S
an latsch en S
aus latsch en S
ver latsch en S

sich be laub en
Be laub ung
ent laub en
er laub en
Er laub nis
Ur laub NM
Ur laub er
Ver laub NM
un er laub t
be ur laub en
sich be ur laub en
Be ur laub ung

durch lauch t
durch lauch t ig A
er lauch t
Er lauch t NF A

auf lauer n
be lauer n

Ab lauf NM
ab lauf en
An lauf NM
an lauf en
Auf lauf NM
auf lauf en
Aus lauf NM
aus lauf en
sich aus lauf en
Aus läuf er
Be lauf NM A
be lauf en
bei läuf ig
durch'lauf en
'durch lauf en
Ein lauf NM
ein lauf en
sich ein lauf en
ent lauf en
fort lauf en
Ge läuf NN
Ge lauf e NN
ge läuf ig
Ge läuf ig keit
gegen läuf ig
her lauf en S
hin lauf en
Hinter lauf NM H
los lauf en
mit lauf en
Mit läuf er
Nach lauf NM T
nach lauf en
Nach läuf er O
Ober lauf NM
Rück lauf NM

Rück läuf er
rück läuf ig
UEber lauf NM
'über lauf en
über'lauf en
UEber läuf er
Um lauf NM
'um lauf en
Unter lauf NM
'unter lauf en
unter'lauf en
Ver lauf NM
ver lauf en
sich ver lauf en
'voll lauf en
Vor lauf NM T
vor lauf en
Vor läuf er
vor läuf ig
Vorder lauf NM H
weg lauf en
weit läuf ig
Weit läuf ig keit
weiter lauf en
zer lauf en
Zu lauf NM
zu lauf en
zurück lauf en
Zusammen lauf NM
zusammen lauf en
Zwischen lauf NM O
her ab lauf en
her auf lauf en
hin auf lauf en
her aus lauf en
hin aus lauf en
vor aus lauf en
her bei lauf en
vor bei lauf en
hinter drein lauf en
her ein lauf en
hin ein lauf en
ent gegen lauf en
hinter her lauf en
her über lauf en
hin über lauf en
her um lauf en
her unter lauf en
hin unter lauf en
da von lauf en
zu wider lauf en
aus ein ander lauf en
'durch ein ander lauf en

aus laug en
ein laug en

ge laun t
miss laun ig
miss ge laun t

ab laus en

```
        ent laus en                      'wieder be leb en
        Ent laus ung                      Wieder be leb ung
        ver laus en                          mit er leb en
                                         'wieder er leb en
         ab lausch en                        ab ge leb t
         be lausch en                        da hin leb en
         er lausch en                           ver leb end ig en

         Ab laut      NM                      ab leck en
         ab läut en                           auf leck en
         ab laut en                           aus leck en
         An laut      NM                       be leck en
         an läut en              S             ge leck t                S
         an laut en                        un be leck t                S
        Aus laut      NM
        aus laut en                          ab leder n
        aus läut en                        Ober leder         NN
        ein läut en                       Unter leder         NN
         Ge läut      NN
         Ge läut e      NN              sich ent led ig en
         In laut      NM                      Ent led ig ung
         in laut end                          er led ig en
        Mit laut      NM G                    Er led ig ung
      UEber laut      NM                   un er led ig t
         Um laut      NM
        'um laut en                          aus leer en
        un laut er       A                  Aus leer ung
        ver laut en                          ent leer en
        vor laut        A                   Ent leer ung
         er läut er n
         Er läut er ung                       ab leg en
                                             Ab leg er
        ver laut bar en                       an leg en
        Ver laut bar ung                     An leg er
                                             An leg erin
         ab leb en                           auf leg en
         Ab leb en      NN                   Auf leg er
         auf leb en                          aus leg en
    sich aus leb en                         Aus leg er
         be leb en                          Aus leg ung
    sich be leb en                           Be leg         NM
         be leb t                            be leg bar
         Be leb t heit                       be leg en
         Be leb ung                          bei leg en
       durch'leb en                          Bei leg ung
    sich ein leb en                          dar leg en
         er leb en                           Dar leg ung
         Er leb nis                          ein leg en
        fort leb en                          Ein leg er
       Innen leb en      NN                  ent leg en          A
        nach leb en                          Ent leg en heit
        Nach leb en      NN                   er leg en
        über'leb en                          Er leg ung
    sich über'leb en                         Ge leg e         NN
         ver leb en                          ge leg en          A
         ver leb t                           Ge leg en heit
         vor leb en                          ge leg ent lich
         Vor leb en      NN                  her leg en               S
    Zusammen leb en      NN                  hin leg en
sich zusammen leb en                      hinter leg en
    wieder 'auf leb en                     Hinter leg er
        un be leb t                        Hinter leg ung
```

```
    los leg en        S                  Un wider leg lich keit
   nach leg en                    neben ein ander leg en
  nieder leg en
  Nieder leg ung                              LEH: siehe LEIH
  'über leg en                        Dar leh en      NN
   über leg en        A
   über'leg en              1               ab lehn en
  UEber leg en heit         1               Ab lehn ung
  UEber leg ung            1               an lehn en
    'um leg en             1               An lehn ung
    Um leg ung            1               auf lehn en
 unter'leg en              1          sich auf lehn en.
 unter leg en        A     1               Auf lehn ung
 'unter leg en             1              Rück lehn e
 Unter leg ene             1            zurück lehn en
 Unter leg en heit         1       sich zurück lehn en
 Unter leg ung             1        sich hin aus lehn en
 Unter leg ung
     ver leg en      A     2               LEHN: siehe LEIH
     ver leg en            2               be lehn en
     Ver leg en heit       2               Be lehn ung
     Ver leg er            2               ent lehn en
     ver leg er isch       2               Ent lehn ung
     Ver leg ung
     vor leg en                            be lehr en
     Vor leg er                            Be lehr ung
     weg leg en                            ge lehr ig
   wider leg bar                           Ge lehr ig keit
   wider'leg en                            Ge lehr sam keit
   wider leg lich                          ge lehr t
   Wider leg ung                           Ge lehr ter
     zer leg bar                           Ge lehr t heit
     zer leg en                           Ober lehr er
     Zer leg ung                         un be lehr bar
      zu leg en                          Un be lehr bar keit
  zurück leg en                          un ge lehr ig
zusammen leg bar                         un ge lehr t          A
zusammen leg en
Zusammen leg ung                            be leib t
  her aus leg en                           Be leib t heit
  hin aus leg en                          bei leib e        AV
 'über be leg en                     sich ent leib en
 her ein leg en                       Hinter leib       NM
 hin ein leg en                         Ober leib       NM
  auf er leg en                         Unter leib       NM
   ab ge leg en                         Unter leib chen
   an ge leg en       A              ein ver leib en
   An ge leg en heit                 Ein ver leib ung
   an ge leg en t lich
  auf ge leg t                           er leicht er n
  un ge leg en       A                    Er leicht er ung
  Un ge leg en heit
  un ge leg t                            aus leid en
  Vor ge leg e       NN                  Bei leid         NN
  un über leg t                          er leid en
  Un über leg t heit                    Mit leid         NN
  vor ver leg en                         mit leid en
zurück ver leg en                        Mit leid en schaft
  da vor leg en                          mit leid ig
un wider leg bar                         mit leid los
Un wider leg bar keit                    un leid lich
un wider leg lich                        ver leid en
```

zu leid e		AV		
be mit leid en				
be leid ig en				
Be leid ig er				
Be leid ig ung				
ab leier n				
aus leier n		S		
Ge leier	NN			
her leier n		S		
ab ge leier t				
her unter leier n		S		
An leih e				
An leih en	NN	CH		
Aus leih e				
aus leih en				
Aus leih er				
Aus leih ung				
be leih en				
Be leih ung				
Dar leih en	NN	CH		
dar leih en		CH		
Dar leih er		T		
ent leih en				
Ent leih er				
Ver leih				
ver leih en				
Ver leih er				
Ver leih ung				
an leim en				
auf leim en				
ver leim en				
Ver leim ung				
zusammen leim en				
ab leist en				
Gegen leist ung				
Vor leist ung				
Vor weg leist ung				
ab leit en				
Ab leit ung				
an leit en				
An leit ung				
ein leit en				
Ein leit ung				
Fern leit ung				
Ge leit	NN	T		
ge leit en				
Ge leit er				
her leit en				
hin leit en				
miss leit en				
Miss leit ung				
Ober leit ung				
Rück leit ung				
'über leit en				
UEber leit ung				
'um leit en				
Um leit ung				

ver leit en			
Ver leit ung			
weiter leit en			
Weiter leit ung			
zu leit en			
Zu leit ung			
zurück leit en			
zurück ge leit en			
be lemm er n		S	
be lemm er t		S	
ab lenk en			
Ab lenk ung			
ein lenk en			
fern lenk en			
Fern lenk ung			
Ge lenk	NN	T	
ge lenk	A		
ge lenk ig			
Ge lenk ig keit			
hin lenk en			
'um lenk en			
zurück lenk en			
fern ge lenk t			
un ge lenk	A		
un ge lenk ig			
Un ge lenk ig keit			
an lern en			
An lern ling			
aus lern en			
er lern bar			
Er lern bar keit			
er lern en			
mit lern en			
nach lern en			
'um lern en			
ver lern en			
zu lern en		S	
un ge lern t		S	
ab les en			
an les en			
auf les en			
Aus les e			
aus les en			
be les en	A		
Be les en heit			
'durch les en			
sich ein les en			
er les en	A		
er les en			
Er les en heit			
mit les en			
Nach les e			
nach les en			
über'les en			
ver les en			
sich ver les en			
Ver les ung			
Vor les e			

```
          vor les en                    Fern licht      NN
          Vor les er                      Ge licht er        NN
          Vor les erin                  Gegen licht      NN
          Vor les ung                    Ober licht      NN
          zer les en                     Rück licht      NN
     zusammen les en                 'über be licht en
       her aus les en                 UEber be licht ung
       hin ein les en                    un be licht et
  sich hin ein les en               'unter be licht en              T
       aus er les en      A          Unter be licht ung             T
       un ge les en       A
          un les er lich              Unter lick       NN  T

          ver letz bar               Unter lid        NN
          Ver letz bar keit
          ver letz en                    Be lieb en        NN
          ver letz lich                  be lieb en
          Ver letz lich keit             be lieb ig
          Ver letz ung                   be lieb t
       un ver letz bar                   Be lieb t heit
       un ver letz lich                  Ge lieb te          NF
       Un ver letz lich keit             Ge lieb ter         NM
       un ver letz t                  Gegen lieb e
                                         miss lieb ig
          vor letzt     A             Miss lieb ig keit
          zu letzt      AV               un lieb     A
     vor vor letzt      AV  S            un lieb sam
                                    sich ver lieb en
          ab leucht en                  Ver lieb t heit
          auf leucht en                 Vor lieb e
          be leucht en              'wieder lieb en
          Be leucht er                   zu lieb e      AV
          Be leucht ung                 un be lieb t
       'durch leucht en                 Un be lieb t heit
       durch'leucht en                   Be lieb ig e
       Durch leucht ung
          ein leucht en                 ab liefer n
          er leucht en                  Ab liefer ung
          Er leucht ung                 an liefer n
          Ge leucht        NN  T        An liefer ung
       hin ein leucht en                Auf liefer er
       her vor leucht en                auf liefer n
                                        aus liefer n
          un leug bar                   Aus liefer ung
          ab leug n en                  be liefer n
          ver leug n en                 Be liefer ung
                                        ein liefer n
          be leumd et                   Ein liefer ung
          ver leumd en                 nach liefer n
          Ver leumd er                 Nach liefer ung
          ver leumd er isch           über'liefer n
          Ver leumd ung               UEber liefer ung
                                      zurück liefer n
          be leumund et
                                        ab lieg en
       Ober leutnant    NM             An lieg en        NN
       Unter leutnant   NM             an lieg en
                                        An lieg er
          auf licht en                 auf lieg en
          aus licht en            sich auf lieg en
          be licht en                  aus lieg en
          Be licht ung                 bei lieg en
```

```
        bei lieg end                          Aus lob ung              L
         da lieg en                      sich ent lob en
     'durch lieg en                          Ent lob ung
        ein lieg en                           ge lob en
        Ein lieg er                           Ge löb nis
         er lieg en                          ver lob en
       fern lieg en                      sich ver lob en
         in lieg end                          Ver löb nis
         ob lieg en                           Ver lob ung
      'über lieg en                        an ge lob en
         um lieg end      A                   be lob ig en
    unter'lieg en                             Be lob ig ung
    'unter lieg en
        vor lieg en                          ein loch en              S
      zurück lieg en                     durch'löch er n
    zusammen lieg en                       zer löch er n
   da nieder lieg en
  gegen über lieg en            1            ab lock en
      her um lieg en        S   1            an lock en
  dar unter lieg en            1            An lock ung
     da vor lieg en            1           ent lock en
                               1          fort lock en
         ver lier en           1           her lock en            S
    sich ver lier en           1           hin lock en
         Ver lier er           1           ver lock en
      un ver lier bar          1           Ver lock ung
                               1       her aus lock en
             LIES: siehe LIER  1       her bei lock en
         Ver lies      NN      1       her ein lock en
                               1      her über lock en
      un limit ier t           1      hin über lock en

     Aussen lin ie    NF       2           Ge lock        NN
      Neben lin ie
         un lin ier t                     auf locker n
                                          Auf locker ung
         ge lind e
                                          auf loder n
1        ge ling en
1      miss ling en                       aus löffel n
1   vor bei ge ling en        S
                               1        un log isch
2        rück ling s    AV
                               2           LOG: siehe LUG
     Vorder linse     NF       2          ver log en
                               2          Ver log en heit
       Ober lipp e    NF       2       un ge log en       AV  S
      Unter lipp e    NF
                                          aus log ier en
         Ge lispel    NN                  ein log ier en

         ab list en                        ab lohn en
         er list en                       Aus lohn ung
         Er list ung                       be lohn en
     Gegen list e                          Be lohn ung
     Hinter list     NF                   ent lohn en
     hinter list ig                       Ent lohn ung
     Hinter list ig keit                  ver lohn en
      über'list en                     un be lohn t
     UEber list ung
                                          LOR: siehe LIER
         aus lob en       L               ver lor en       A
```

```
1      aus los bar                              Aus lucht        NF  T
1      aus los en
1      ver los en                               Ab luft          NF
1      Ver los ung                              aus lüft en
                                                Aus lüft ung
2      Ab lös e                             'durch lüft en
2      ab lös en                                ent lüft en
2 sich ab lös en                                Ent lüft er
2      Ab lös ung                               Ent lüft ung
2      auf lös bar
2      Auf lös bar keit    1                    Aus lug          NM  N
2      auf lös en          1                    aus lug en
2      Auf lös ung
2      aus lös bar         2                     an lüg en
2      aus lös en          2                     be lüg en
2      Aus lös er          2          sich 'durch lüg en              S
2      ein lös en          2                     er lüg en
2      Ein lös ung         2                    Erz lüg ner      NM
2      Er lös        NM    2                    vor lüg en
2      er lös en           2                zusammen lüg en          S
2      Er lös er           2            sich her aus lüg en
2      Er lös ung
2      los lös en                               ein lull en
2      Los lös ung
2      nach lös en    T                    sich hin lümmel n         S
2      un lös bar
2      Un lös bar keit                          Erz lump         NM
2      un lös lich    T                         Ge lump e        NN  S
2 Zwischen lös ung                             ver lump en            S
2      un ab lös lich                          zer lump t
2      un auf lös bar
2      Un auf lös bar keit  1                      LUNG: siehe LING 1
2      un auf lös lich      1                   ge lung en       A   UG
2      Un auf lös lich keit 1                 miss lung en       A

       ab lösch en         2                   Ge lüng e        NN  H
       aus lösch en
       er lösch en                         her um lung er n            S
       Er lösch ung
       ver lösch en                            Ge lüst          NN
   un aus lösch lich                           ge lüst en
   un ge lösch t                               Un lust          NF
   un ver lösch bar                            un lust ig
   un ver lösch lich                           Ver lust         NM
                                               ver lust ig
1      aus lot en                         sich ver lust ier en
                                               be lust ig en
2      an löt en                               Be lust ig ung
2      ein löt en                              er lust ig en          A
2      ver löt en                              Er lust ig ung         A
2      zu löt en
2 zusammen löt en                             ab lutsch en

       ein lots en                            an luv en        N
                                              auf luv en       N
       ver lott er n
       Ver lott er ung                        Ober maat        NM

       LUB: siehe LOB                         ab mach en
    Ge lüb de       NN                        Ab mach ung
                                              an mach en
       ab luchs en        S                   auf mach en
```

```
    sich auf mach en                        nieder müh en
        Auf mach ung
        aus mach en                    Nach mahd        NF
    'durch mach en          S           Vor mahd        NF
        ein mach en
       fort mach en          S      1    aus mahl en
         ge mach       A           1    Aus mahl ung
         Ge mach       NN          1    zer mahl en
         ge mäch lich
         Ge mäch lich keit        2    Ge mahl       NM  I
        her mach en               2    Ge mahl in
    sich her mach en              2    ver mühl en
        hin mach en          S    2    Ver mühl ung
        los mach en          S    2 un ver mühl t              P
        mit mach en
       nach mach en                 Zwischen mahl-zeit    NF
     nieder mach en
      über'mach en                      ein mahn en
        ver mach en                      er mahn en
     'voll mach en                      Er mahn ung
        vor mach en                      ge mahn en
        weg mach en          S           ver mahn en
     weiter mach en                      Ver mahn ung
         zu mach en          S
  sich dar an mach en         S    1    ab mal en
  sich her an mach en         S    1    an mal en
     her aus mach en          S    1   aus mal en
 sich her aus mach en         S    1   Aus mal ung
      ab ge mach t                 1    be mal en
     aus ge mach t                 1    Be mal ung
     Ein ge mach tes               1    Ge mäl de         NN
      Un ge mach      NN  P        1   nach mal en
   her unter mach en        S      1  über'mal en
  sich da von mach en        S     1  UEber mal ung
                                   1  unter'mal en
        ent macht en               1  Unter mal ung
        Ent macht ung              1  'voll mal en
         Ge mächt       NN
      UEber macht       NF         2    da mal ig
       über mächt ig               2    da mal s       AV
       Ver mächt nis               2   nach mal ig
      Voll macht       NF          2   nach mal s       AV
       Vor macht       NF          2    vor mal ig
  Nach ver mächt nis        L      2    vor mal s        AV
Vor aus ver mächt nis             2    zu mal        C
   sich be mächt ig en            2    zu mal        AV  A
       ent mächt ig en            2 da zu mal        AV
        er mächt ig en
        Er mächt ig ung               ver maledei en              A
    be voll mächt ig en
    Be voll mächt ig te              zer malm en
    Be voll mächt ig ung
                                  1    er mangel n
        Vor mag en       NM       1    Er mangel ung

        ab mager n                2    be mängel n
        Ab mager ung              2    Be mängel ung

        un magnet isch               un manier lich
       ent magnet isier en
                                     be mann en
        ab müh en                    Be mann ung
```

----

ent mann en	1 an mass end
Ent mann ung	1 An mass ung
sich er mann en	1 Aus mass NN
Hinter mann NM	1 ge mäss ig t A
Neben mann NM	1 UEber mass NN
Ob mann NM	1 über mäss ig
Ob männ in	1 Un mass NN
über'mann en	1 un mäss ig
un männ lich	1 Un mäss ig keit
Un männ lich keit	1 Unter mass NN I
Unter mann NM T	1 Ur mass NN
Vor mann NM	1 ver mass en
Vorder mann NM	1 Ver mass ung
un be mann t	1 er mäss ig en
ver männ lich en	1 Er mäss ig ung
Ge mansch e NN MG	2 MASS: siehe MESS
	2 ge mäss P
be mäntel n	2 Ge mäss heit
Be mäntel ung	
	ver massel n S
Aus märk er L	
Ge mark ung	be mast en
ver mark en	Be mast ung
Ver mark ung	voll mast AV
	Vor mast NM
ab markt en CH	Vorder mast NM
Vor mars NM N	Ober matrose NM
Ab marsch NM	ab matt en
An marsch NM	er matt en
Auf marsch NM	Er matt ung
Aus marsch NM	
Durch marsch NM	aus mauer n
Ein marsch NM	Aus mauer ung
Hin marsch NM	ein mauer n
Rück marsch NM	Ein mauer ung
Vor marsch NM	Ge mäuer NN
Weiter marsch NM	hinter mauer n
Vor bei marsch NM	Hinter mauer ung
an marsch ier en	um'mauer n
auf marsch ier en	unter'mauer n
aus marsch ier en	Unter mauer ung
'durch marsch ier en	ver mauer n
ein marsch ier en	Vor mauer NF
fort marsch ier en	zu mauer n
los marsch ier en	
weiter marsch ier en	aus mauser n
zurück marsch ier en	
vor bei marsch ier en	Ge mecker NN
Erz marschall NM	unter meer isch
sich ab marter n	ver mehr en
zer marter n S	sich ver mehr en
	Ver mehr ung
Vor märz NM	
	ver meid bar
weit masch ig	ver meid en
	ver meid lich
1 sich an mass en	Ver meid ung

```
un ver meid bar                          'unter meng en
un ver meid lich                         unter'meng en
                                         ver meng en
    ab meier n                           Ver meng ung
                                  'durch ein ander meng en
       ge mein        A
       Ge mein er                           ent mensch t
       Ge mein heit                         Mit mensch        NM
       ge mein ig lich                      UEber mensch      NM
       ge mein sam                          Über mensch lich
       Ge mein sam keit                     Un mensch         NM
       Ge mein schaft                       un mensch lich
       ge mein schaft lich                  Un mensch lich keit
       Ge mein schaft lich keit             Ur mensch         NM
   Gegen mein ung                           Vor mensch        NM
     ver mein en                            ver mensch lich en
     ver mein t lich                        Ver mensch lich ung
 ins ge mein        AV  I
  un ge mein        A                       aus mergel n
  un ge mein        AV                      Aus mergel ung
                                            aus ge mergel t
       MEIND: siehe MEIN
       Ge meind e       NF                  an merk en
       ge meind lich                        An merk ung
    ein ge meind en                         auf merk en
    Ein ge meind ung                        auf merk sam
                                            Auf merk sam keit
       ab meissel n                         be merk bar
       auf meissel n                        be merk en
       aus meissel n                        Be merk ung
       Aus meissel ung                      un merk bar
       ein meissel n                        un merk lich
                                            Ver merk        NM
       zu meist      AV                     ver merk en
                                            vor merk en
       be meister n                         Vor merk ung
                                            un auf merk sam
       ab meld en                           Un auf merk sam keit
       Ab meld ung                          un be merk bar
       an meld en                           un be merk t
       An meld ung                          Vor be merk ung
       be meld et        A           Zwischen be merk ung
     Fern meld er
       ver meld en       P                  Aus merz e
   zurück meld en                           aus merz en
sich zurück meld en                         Aus merz ung
     Vor an meld ung
   un an ge meld et                         ab mess en
                                            Ab mess ung
       aus melk en                          an mess en
   Nach ge melk      NN                     aus mess en
                                            Aus mess ung
       un melod isch                        be mess en
                                            Be mess ung
       bei meng en                          bei mess en
       Bei meng ung                      'durch mess en
       ein meng en                       durch'mess en
  sich ein meng en                        Durch mess er
       Ein meng ung                         er mess en
       Ge meng e      NN                     Er mess en        NN
       Ge meng sel    NN                     er mess lich
       Un meng e                           Fern mess ung
```

```
         ge mess en      A               zu  mind est        AV
         Ge mess en heit                 ver mind er  n
       nach mess en              sich ver mind er  n
       Nach mess ung                     Ver mind er  ung
         un mess bar                  un ver mind er  t
        ver mess en
        ver mess en      A          Aussen minister          NM
   sich ver mess en                 Aussen minister ium          NN
        Ver mess en heit            Innen minister ium          NN
        Ver mess er
        Ver mess ung                    bei misch en
         zu mess en                     Bei misch ung
      un er mess lich    A              ein misch en
      un er mess lich    AV        sich ein misch en
      ab ge mess en      A              Ein misch ung
      Ab ge mess en heit               ent misch en
      an ge mess en      A              Ge misch           NN
   un an ge mess en      A              ge misch t
                                   'unter misch en
         Ur meter        NN        unter'misch en
                                      ver misch en
         un method isch        sich ver misch en
                                      Ver misch ung
         Ge metz el      NN       un ver misch t
      nieder metz el n
      Nieder metz el ung              ver miss en

         ver micker t     S             aus mist en

         ver mies en      S              da mit       AV

         ab miet en                     aus mitt ig           T
         Ab miet er                      in mitt en    P
        aus miet en
         ein miet en              Ausser mit-tag     NM   T
    sich ein miet en                Nach mit-tag     NM
         Ein miet ung                  nach mit-täg ig
       Unter miet e                    nach mit-täg lich
       Unter miet er                   nach mit-tag s     AV
         ver miet en                    Vor mit-tag     NM
         Ver miet er                    vor mit-täg ig
         Ver miet ung                   vor mit-täg lich
         ab ver miet en                 vor mit-tag s      AV
     'unter ver miet en                 aus mittel n           I
      Unter ver miet er                 Aus mittel ung          I
    weiter ver miet en                   be mittel t
                                         er mittel n
       UEber mikroskop     NN        Gegen mittel           NN
       UEber mikroskop ie      NF    über'mittel n
                                     UEber mittel ung
        Voll milch      NF              un mittel bar
        Vor milch      NF               Un mittel bar keit
                                        ver mittel n
         un militär isch                ver mittel s     P
         vor militär isch            un be mittel t
        ent militar isier en         un ver mittel t
                                        Er mitt l ung
        ent min en                     Ver mitt l er
        ver min en                     Ver mitt l ung
      unter'min ier en
      Unter min ier ung                ver möbel n
```

```
un möb l ier t                              hin auf be müh en
                                       sich hin auf be müh en
un mod isch          I          sich her ein be müh en
                                            hin ein be müh en
'um model n                     sich hin ein be müh en
                                            her über be müh en
ver moder n                     sich her über be müh en
                                            hin über be müh en
un modern      A                sich hin über be müh en
                                            her unter be müh en
un mög lich                     sich her unter be müh en
Un mög lich keit                     hin unter be müh en
ver mög e      P                sich hin unter be müh en
Ver mög en      NN
ver mög en                              ver mumm en
ver mög end                             Ver mumm ung
Un ver mög en    NN
un ver mög end                          ein mummel n      S
Un ver mög en heit
er mög lich en              1        aus münd en
                           1        Aus münd ung
be mogel n      S          1        ein münd en
                           1        Ein münd ung
Neben mond    NM  T        1        fern münd lich
Voll mond    NM            1        Ur mund      NM
                           1        voll mund ig
ab mont ier en
                           2        un münd ig
be moos t                  2        Un münd ig e
                           2        Un münd ig keit
un moral isch              2        Vor mund      NM
                           2        Vor mund schaft
er mord en                 2        vor mund schaft lich
Er mord ung                2        be vor mund en
hin mord en                2        Be vor mund ung
                           2        Gegen vor mund      NM
über morgen    AV          2        ent münd ig en
über über morgen  AV  S    2        Ent münd ig ung

ver morsch en                           Erz mund-schenk      NM

un motiv ier t                          Ge munkel      NN

ein mott en                             auf munter n
                                        Auf munter ung
auf muck en    S                        er munter n
                                   sich er munter n
er müd en                               Er munter ung
Er müd ung
über'müd en                             aus münz en
UEber müd ung                           Aus münz ung
un er müd lich                          ein münz en
Un er müd lich keit
                                        ver mur en
sich ab müh en                          ver mur en
be müh en
sich be müh en                          zer mürb en
Be müh ung
her be müh en                           ab murks en      S
hin be müh en                           ver murks en
her auf be müh en                   her um murks en      S
sich her auf be müh en
```

```
Ge murmel      NN
Ge müs e       NN

un musikal isch

'durch müss en      S
fort müss en        S
ge müss ig t
her müss en         S
hin müss en         S
mit müss en         S
weg müss en         S
zurück müss en      S
her auf müss en     S
hin auf müss en     S
her aus müss en     S
hin aus müss en     S
hin ein müss en     S
hin über müss en    S
her unter müss en   S
hin unter müss en   S
be müss ig en
be müss ig t

ab muster n      M
an muster n      N
An muster ung        N
aus muster n
Aus muster ung
be muster n
Durch muster ung

An mut        NF
an mut en
an mut ig
an mut s los
an mut s voll
An mut ung        LG
Ge müt      NN
ge müt lich
Ge müt lich keit
ge müt los
Ge müt los ig keit
ge müt voll
Miss mut    NM
miss mut ig
UEber mut   NM  A
über müt ig
Un mut      NM
un mut ig
ver mut en
ver mut lich
Ver mut ung
zu mut e      AV
zu mut en
Zu mut ung
un ge müt lich
Un ge müt lich keit
ur ge müt lich
un ver mut et
ent mut ig en
```

```
Ent mut ig ung
er mut ig en
Er mut ig ung

be mutter n
Gegen mutter    NF
Ur mutter       NF

da nach      AV
dar nach     AV
her nach     AV

über nächst     A
zu nächst       AV
zu nächst       P

über'nacht en
über nächt ig
UEber nacht ung
um nacht et
Um nacht ung
Unter nächt e       NP  R

ab nag en
an nag en
aus nag en
be nag en
'durch nag en
zer nag en

an nagel n
auf nagel n
be nagel n
ein nagel n
ver nagel n          S
ver nagel t          S
zu nagel n
zusammen nagel n

 1  ab näh en
 1  Ab näh er
 1  an näh en
 1  auf näh en
 1  ein näh en
 1  'um näh en
 1  um'näh en
 1  ver näh en
 1  zu näh en
 1  zusammen näh en
 1  durch ge näh t

 2  bei nah       AV
 2  un nah bar
 2  Un nah bar keit
 2  her an nah en
 2  an näh er n
 2  an näh er nd
 2  An näh er ung
 2  Wieder an näh er ung
 2  an ge näh er t
```

NAHM: siehe NEHM

Ab	nahm e		
An	nahm e		
Auf	nahm e		
Aus	nahm e		
aus	nahm s los		
Bei	nahm e		
Ein	nahm e		
Ent	nahm e		
Hin	nahm e		
Mit	nahm e		
Nach	nahm e		
Rück	nahm e		
UEber	nahm e		
Vor	nahm e		
Weg	nahm e		
Zu	nahm e		
Zurück	nahm e		
Fern auf	nahm e	NF	T
Innen auf	nahm e		
Wieder auf	nahm e	NF	
Neben ein	nahm en	NP	
ver ein	nahm en		
Ver ein	nahm ung		
Ein ver	nahm e	CH	
Vor weg	nahm e		

Bei	nahr ung	
er	nähr en	
Er	nähr er	
Er	nähr erin	
Er	nähr ung	
UEber er	nähr ung	
unter er	nähr t	
Unter er	nähr ung	

UEber	name	NM	CH
Voll	name	NM	
Vor	name	NM	
Zu	name	NM	

be nams en   S

NANN: siehe NENN

zu be nann t
un ge nann t

ge narb t
ver narb en
Ver narb ung

Erz narr   NM
sich ver narr en
Ver narr t heit

ver nasch en

durch'näss en

ent national isier en

über natür lich

Un	natur	NF
un	natür lich	
Un	natür lich keit	
wider	natür lich	
Wider	natür lich keit	

ge	nau	A
Ge	nau ig keit	
un ge	nau	A
Un ge	nau ig keit	

ent nazi fisier en

be nebel n
ein nebel n
Ein nebel ung
ent nebel n
Ent nebel ung
um'nebel n
ver nebel n
Ver nebel ung

da	neben	AV
dar	neben	AV

ab	nehm bar	
ab	nehm en	
Ab	nehm er	
an	nehm bar	
an	nehm en	
sich an	nehm en	
an	nehm lich	
An	nehm lich keit	
auf	nehm en	
aus	nehm en	
sich aus	nehm en	
aus	nehm end	
Aus	nehm er	
be	nehm en	
Be	nehm en	NN
sich be	nehm en	
'durch	nehm en	
ein	nehm bar	
ein	nehm en	
Ein	nehm er	
ent	nehm en	
fort	nehm en	
ge	nehm	A
her	nehm en	
hin	nehm en	
mit	nehm en	
Mit	nehm er	
nach	nehm en	
'über	nehm en	
über'nehm en		
sich über'nehm en		
'um	nehm en	
'unter	nehm en	
unter'nehm en		
Unter	nehm en	NN
unter	nehm end	
Unter	nehm er	

Unter nehm er tum	er nenn en
Unter nehm ung	Er nenn ung
ver nehm bar	un nenn bar
ver nehm en	
ver nehm lich	ent nerv en
Ver nehm ung	Ent nerv ung
vor nehm A	
vor nehm en	ge nes en
Vor nehm heit	Ge nes ende
vor nehm lich	Ge nes ung
weg nehm en	
zu nehm en	auf nestel n
zurück nehm en	
zusammen nehm en	be netz en P
sich zusammen nehm en	Be netz ung P
un an nehm bar	
Un an nehm lich keit	er neu en
hin auf nehm en	Er neu er
wieder 'auf nehm en	er neu t
her aus nehm en	Er neu ung
hin aus nehm en	Er neu er er
vor aus nehm en	er neu er n
bei be nehm en	Er neu er ung
sich bei be nehm en	
her ein nehm en	mit nicht en AV
hin ein nehm en	ver nicht en
un ein nehm bar	Ver nicht ung
an ge nehm	zer nicht en P
ent gegen nehm en	zu nicht e AV
hin über nehm en	
her unter nehm en	ein nick en
hin unter nehm en	Ge nick NN
ein ver nehm en CH	zu nick en
ein ver nehm en	
vor weg nehm en	ver nickel n
hin zu nehm en	Ver nickel ung
aus ein ander nehm bar	
aus ein ander nehm en	NIED: siehe NIEDER
un an ge nehm A	da nied en AV P
ge nehm ig en	
Ge nehm ig ung	da nieder AV AU
	dar nieder AV
be neid en	her nieder AV P
	er nied r ig en
Ab neig ung	er nied r ig end
ge neig t	Er nied r ig ung
Ge neig t heit	
hin neig en	Neben niere n NP
sich hin neig en	Ur niere NF
sich ver neig en	Vor niere NF
Ver neig ung	
sich vor neig en	be nies en S
zu neig en	
Zu neig ung	ge niess bar
ab ge neig t	Ge niess bar keit
Ab ge neig t heit	ge niess en
	Ge niess er
ver nein en	ge niess er isch
Ver nein ung	un ge niess bar
	Un ge niess bar keit
be nenn en	
Be nenn ung	an niet en

ent niet en	Ver nunft NF
ver niet en	ver nünft ig
Ver niet ung	Ver nünft ig keit
zusammen niet en	Un ver nunft NF
	un ver nünft ig
Be nimm NM	
	NUSS: siehe NIESS
sich ein nist en	Ge nuss NM
	ge nüss lich
NOMM: siehe NEHM	Ge nüss ling
be nomm en A	Voll ge nuss NM
Be nomm en heit	
un be nomm en A	ab nutsch en T
an ge nomm en A	
aus ge nomm en P	ab nutz en
ein ge nomm en A	sich ab nutz en
Ein ge nomm en heit	Ab nutz ung
vor ein ge nomm en A	aus nutz en
Vor ein ge nomm en heit	Aus nutz ung
un vor ein ge nomm en A	be nutz bar
Un vor ein ge nomm en heit	Be nutz bar keit
	be nutz en
ge nopp t	Be nutz er
	Be nutz ung
ur nord isch	un nütz A
	un nütz lich
ab norm A	zu nutz e AV
Ab norm ität	mit be nutz en
	Mit be nutz ung
NOSS: siehe NIESS	un be nutz bar
Ge noss e NM	un be nutz t
Ge noss en schaft	ab ge nutz t
Ge noss in	un ge nutz t
un nöt ig	dar ob AV A
von nöt en AV	
ab nöt ig en	Er ober er
auf nöt ig en	er ober n
be nöt ig en	Er ober ung
her ein nöt ig en	zu ober st AV
	'wieder er ober n
auf not ier en	Wieder er ober ung
un not ier t	zurück er ober n
	Zurück er ober ung
Aus nüchter ung	
er nüchter n	Fern objekt iv NN
Er nüchter ung	
	an öd en
ge nug AV	Ein öd NF UG
Ge nüg e NF	Ein öd e
ge nüg en	ver öd en
ge nüg sam	Ver öd ung
ge nug sam AV A	
Ge nüg sam keit	un ver öffen t lich t
über ge nug AV	ver öffen t lich en
un ge nüg end	Ver öffen t lich ung
	er öff n en
NUMER IER: siehe NUMMER	Er öff n ung
'durch numer ier en	'wieder er öff n en
be nummer n	Gegen offensive NF
Be nummer ung	

```
Unter offizier    NM                    un orthodox      A

   Ab öl     NN  T                      un orthograph isch
   ein öl en
   ent öl en                         Fern ost      NM
   Ent öl ung                        fern öst lich

   auf opfer n                          An paar ung          T
   auf opfer nd                         un paar     A
   Auf opfer ung                        un paar ig
   hin opfer n
                                     Unter pacht      NF
ausser orden t lich                 Unter pächt er
   un orden t lich                   ver pacht en
   Un orden t lich keit              Ver pacht ung
   ab ord n en
   Ab ord n ung                         ab pack en
   an ord n en                          an pack en
   An ord n ung                         auf pack en
   bei ord n en                         aus pack en
   bei ord n end                        be pack en
   Bei ord n ung                        bei pack en
   ein ord n en                         ein pack en
   Ein ord n ung                        Ge päck      NN
 neben ord n en                        'um pack en
 Neben ord n ung                        ver pack en
  'über ord n en                        Ver pack ung
 UEber ord n ung                       'voll pack en
   Un ord n ung                        Voll pack ung          CH
  'unter ord n en                    zu pack en          S
 Unter ord n ung                  zusammen pack en
   ver ord n en                     un ver pack t
   Ver ord n ung
   vor ord n en                         un pädagog isch
   Vor ord n er
   zu ord n en                          an paddel n
   Zu ord n ung                         An paddel n
   ab ge ord n et
   Ab ge ord n ete                      be panzer n
  bei ge ord n et
  Bei ge ord n ete                      auf püppel n
   un ge ord n et                       ver püppel n          S
 unter ge ord n et
   vor ge ord n et                   Gegen papst      NM

       ORDER: siehe ORDEN              un parlementar isch

   be order n                        Gegen part      NM
   Be order ung                      Wider part      NM
 Gegen order     NF
 her be order n                      Gegen partei      NF  L
                                      über partei lich
   un organ isch                     UEber partei lich keit
                                         un partei isch
 UEber organis ation     NF           Un partei ische
  'über organis ier en                   un partei lich
                                         Un partei lich keit
   Ab ort     NM
   Vor ort     NM                       ab pass en
  'durch ört er n          T            an pass en
   er ört er n                     sich an pass en
   Er ört er ung                        An pass ung
```

```
      auf pass en                    Unter pfand        NN
      Auf pass er                      ver pfänd en
      ein pass en                      Ver pfänd ung
       un pass          AV
       un pass end                     aus pfarr en
       un päss lich                    Aus pfarr ung
       Un päss lich keit               ein pfarr en
      ver pass en                      Ein pfarr ung
       zu pass          AV
  zusammen pass en                      ge pfeffer t            S
   hin ein pass en
auf ein ander pass en                   ab pfeif en
    'durch pass ier en                  an pfeif en
       un pass ier bar                 aus pfeif en
                                       ver pfeif en            S
    Gegen passat       NM
                                       ein pferch en
      an past en                  zusammen pferch en
                                    hin ein pferch en
       un patriot isch
                                     Bei pferd        NN
      ab patrouill ier en
                                         PFIFF: siehe PFEIF
     ver patz en           S          An pfiff        NM

     ein pauk en           S           an pflanz en
     Ein pauk er           S           An pflanz ung
                                       auf pflanz en
   'durch paus en                      aus pflanz en
 Zwischen paus e                        be pflanz en
                                        Be pflanz ung
      an peil en           N           ein pflanz en
                                       Ein pflanz ung
     auf peitsch en                   fort pflanz en
     aus peitsch en               sich fort pflanz en
     Aus peitsch ung              Fort pflanz ung
   'durch peitsch en               über'pflanz en
                                     'um pflanz en
     aus penn en           S        um'pflanz en
                                     Um pflanz ung
   Vorder perron       NM            ver pflanz en
                                     Ver pflanz ung
   Neben person       NF
      un persön lich                  be pflaster n
     ent persön lich en
     Ent persön lich ung             an pflaum en            S

     ver pest en                     ge pfleg t
     Ver pest ung                    Ge pfleg t heit
                                    ver pfleg en
     ver petz en           S        Ver pfleg ung
                                     un ge pfleg t
      ab pfühl en                    Un ge pfleg t heit
      an pfühl en
     aus pfühl en                   bei pflicht en
     Aus pfühl ung                  ent pflicht en
      be pfühl en                   Ent pflicht ung
     ein pfühl en                   ver pflicht en
     ver pfühl en                   Ver pflicht ung
     Ver pfühl ung             Gegen ver pflicht ung

      un pfänd bar                   an pflock en
```

```
ein pflock en                          Be plank ung
                                       Ge plänk el        NN
    PFLOG: siehe PFLEG
Ge pflog en heit                       Ge plapp er        NN
                                       aus plapp er n              S
ab pflück en                           nach plapp er n
zer pflück en                     sich ver plapp er n              S

'um pflüg en                           Ge plärr      NN
'unter pflüg en
                                       Ge plätsch er         NN
Hinter pfort e
                                       ab platt en
Hinter pfot e                          auf plätt en
Vorder pfot e                          aus plätt en              NG
                                       ab ge platt et
an pfropf en
auf pfropf en                          ab platz en
ein pfropf en                          auf platz en
'voll pfropf en                        los platz en           S
zu pfropf en                           Vor platz      NM
                                       zer platz en
ver pfründ en        CH            her aus platz en           S
                                  her ein platz en           S
ver pfusch en        S            hin ein platz en           S
                              auf ein ander platz en
Gegen phase      NF
                                       Ge plaud er        NN
Fern photograph ie      NF
                                       PLAUDER: siehe PLAUD
aus pich en                            aus plauder n
ein pich en                            ver plauder n
er pich t        S
ver pich en                            ver plemper n           S
aus ge pich t
                                       ur plötz lich
aus pichel n        S
                                  'durch plumps en           S
an pick en
auf pick en                            aus plünder n
                                       Aus plünder ung
Miss pickel    NM  T
                                       auf pluster n
ver pimpel n        S
                                       an pöbel n
an pinsel n
be pinsel n                            an poch en
ein pinsel n
Ein pinsel ung                         un poet isch
über'pinsel n
                                       ein pökel n
sich an pirsch en        H
                                       Gegen pol      NM
sich ab plack en        S              'um pol en

sich ab plag en                        auf pol ier en
her um plag en        S                nach pol ier en
                                       un pol ier t
ein plan en
ver plan en                            Aussen polit ik        NF
                                       aussen polit isch
be plank en                            Innen polit ik        NF
```

```
        innen polit isch              nieder prassel n
        inner polit isch
          un polit isch                  un präzis        A

         auf polster n                   an prei en              N
         aus polster n
                                         an preis en
          an polter n                    An preis ung
          Ge polter      NN              Auf preis       NM
                                         UEber preis      NM
         ver pön en          A
                                         ver prell en            H
          un populär      A
                                         ab press en
        Nach porto      NN               an press en
        Rück porto      NN               aus press en
                                         Aus press ung
         aus posaun en          S       'durch press en
                                         ein press en
         vor post en                     er press en
                                         Er press er
         aus power n                     er press er isch
         Aus power ung                   Er press ung
                                         zu press en
         auf präg en              zusammen press en
         aus präg en              her aus press en
         Aus präg ung              hin ein press en
         ein präg en
    sich ein präg en                     Erz priest er
         ein präg sam                   Ober priest er
         Ein präg ung
         Ge präg e       NN             Ober prima       NF
        nach präg en                    Ober prima ner
        'um präg en                     Ober prima nerin
         Um präg ung                    Unter prima       NF
     aus ge präg t                      Unter prima ner
     Aus ge präg t heit                 Unter prima nerin

          un prakt isch                  An prob e
                                     'durch prob en
         Ab prall       NM              er prob en
         ab prall en                    Er prob ung
         An prall       NM           Gegen prob e
         an prall en                    an prob ier en
         Auf prall      NM             auf prob ier en
         auf prall en                  aus prob ier en
         Rück prall     NM
      zurück prall en               Neben produkt      NN
    zusammen prall en               UEber produkt ion       NF
  auf ein ander prall en              un produkt iv      A
                                      Ur produkt       NN
         Rück präm ie      NF         Ur produkt ion       NF
                                  Zwischen produkt      NN
         Ge präng e      NN
                                      Bei programm       NN
         an pranger n                 Vor programm       NN

       Hinter prank e               Rück projekt ion       NF

        Ober präsident     NM          un proportion ier t

         ver prass en                   zu prost en          S
```

```
ab protz en          M          Aus putz er
auf protz en         M          Ver putz          NM
                                ver putz en
ver proviant ier en             Ver putz er
Ver proviant ier ung            her aus putz en
                                her unter putz en           S
'durch prüf en
nach prüf en                    Ge quak e          NN
Nach prüf ung
über'prüf en                    sich ab quäl en
UEber prüf ung                  ver quäl t
Vor prüf ung
                                un qualifiz ier bar
'durch prügel n
ver prügel n                    ver qualm en

be puder n                      aus quart ier en
ein puder n                     Aus quart ier ung
                                ein quart ier en
Aus puff      NM                Ein quart ier ung
ver puff en                     'um quart ier en
                                Um quart ier ung
durch'puls en
                                ver quas en            NG
ver pulver n         S
                                Ge quassel      NN
an pump en
auf pump en                     aus quatsch en              S
aus pump en                     sich aus quatsch en         S
ein pump en                     Ge quatsch e       NN   S
ver pump en          S          ver quatsch en              S
her aus pump en                 sich ver quatsch en         S
hin ein pump en
aus ge pump t        S          an quell en
                                auf quell en
aus punkt en         O          ent quell en
Fern punkt    NM                'über quell en
ge punkt et                     Ur quell      NM
Neben punkt   NM                Ur quell e
un pünkt lich                   ver quell en
Un pünkt lich keit              vor quell en
                                her aus quell en
sich ein pupp en                her vor quell en
sich ent pupp en
Ent pupp ung                       QUEM: siehe KOMM
sich ver pupp en                be quem      A
Ver pupp ung                    sich be quem en
                                be quem lich
hin purzel n                    Be quem lich keit
                                an be quem en
aus pust en                     un be quem      A
sich ver pust en     S          Un be quem lich keit

auf putsch en                   durch'quer en
                                Durch quer ung
ab putz en                      über quer       AV
An putz    NM                   über'quer en
an putz en                      UEber quer ung
Auf putz   NM                   ver quer       AV   S
auf putz en
Aus putz   NM                   ab quetsch en
aus putz en                     aus quetsch en              S
```

```
            zer quetsch en                          Um rand ung

            er quick en                             Vor rang        NM
            er quick lich                           aus rang ier en
            Er quick ung                            ein rang ier en
           ver quick en                            'um rang ier en
           Ver quick ung
        un er quick lich                            Ge rank e        NN
        Un er quick lich keit                       um'rank en

           ver quist en          LG                 an ranz en           S
                                                     An ranz er           S
        un ge räch t              P
                                                     Be rapp        NM
         sich ab racker n                           be rapp en
                                                     be rapp en
1           Ge rad e      NF
1           ge rad e      AV                                RAPPEL: siehe RAFF
1           ge rad e      A               sich auf rappel n
1       Gegen ge rad e    NF
1        nach ge rad e    AV                         aus ras en
1          un ge rad e    A                       durch'ras en
                                                   'durch ras en
2        Hinter rad    NN
2        Vorder rad    NN                           über'rasch en
2           aus räd el n                            UEber rasch ung

           aus rad ier en                            ab ras ier en
           weg rad ier en                           aus ras ier en
                                                     un ras ier t
           auf raff en
      sich auf raff en                            'durch rassel n          S
           er raff en                                Ge rassel     NN
          hin raff en                       her ein rassel n              S
          weg raff en                     her unter rassel n              S
      zusammen raff en
sich zusammen raff en         S                      aus rast en
       da hin raff en                                ein rast en
                                                     Un rast        NF
           auf rag en                                Un rast        NM
          über'rag en
       her aus rag en                                ab rat en
       her vor rag en                                an rat en
       her vor rag end      A                        be rat en
                                                     Be rat er
           ab rahm en                                Be rat erin
          ein rahm en                                Be rat ung
          ent rahm en                               Bei rat        NM
          Ent rahm er                                ent rat en
          Ent rahm ung                               er rat bar
          um'rahm en                                 er rat en
          Um rahm ung                                Ge rät        NN
                                                     ge rat en
           An rain er       UG                       ge rat en      A
                                                   miss rat en
          ein ramm en                                Un rat        NM
                                                     un rät lich            A
          ver rammel n                              Ver rat        NM
                                                     ver rat en
          ver ramsch en                             Ver rät er
                                                     ver rät er isch
          um'rand en                                Vor rat        NM
```

vor rät ig		
wider'rat en		
zu rat en		
hin ge rat en	S	
nach ge rat en		
un ge rat en	A	
zusammen ge rat en		
her um rat en	S	
be vor rat en		
Be vor rat ung		
hin ein ge rat en		
an ein ander ge rat en		
ent rät sel n		
Ent rät sel ung		
her um rät sel n	S	
un rationell	A	
Ge ratt er		
aus raub en		
be raub en		
Be raub ung		
aus räub er n		
an rauch en		
auf rauch en		
aus rauch en		
Ge räuch er tes	NN	
Ge räuch tes	NN	CH
ver rauch en		
an räuch er n		
aus räuch er n		
Aus räuch er ung		
ein räuch er n		
Ein räuch er ung		
ver räuch er n		
aus rauf en		
zer rauf en		
an rauh en		
auf rauh en		
Ab raum	NM	
ab räum en		
auf räum en		
aus räum en		
Aus räum er		
Aus räum ung		
ein räum en		
Ein räum ung		
fort räum en		
ge raum	A	
Ge räum de	NN	
ge räum ig		
Ge räum ig keit		
Innen raum	NM	
Nach raum	NM	
Neben raum	NM	
'um räum en		
Vor raum	NM	

weg räum en			
Zwischen raum	NM		
an be raum en			
auf ge räum t			
Auf ge räum t heit			
zu raun en			
be rausch en			
sich be rausch en			
be rausch end			
durch'rausch en			P
'durch rausch en			S
Ge räusch	NN		
Ge räusch	NN	H	
ge räusch los			
ge räusch voll			
nieder rausch en			
ver rausch en			
Neben ge räusch	NN		
Ge räusp er		NN	
ab reag ier en			
aus rech en			
be rechen bar			
un be rechen bar			
Un be rechen bar keit			
ab rech n en			
Ab rech n ung			
an rech n en			
An rech n ung			
auf rech n en			
Auf rech n ung			
aus rech n en			
Aus rech n ung			
be rech n en			
be rech n end			
Be rech n ung			
'durch rech n en			
ein rech n en			
er rech n en			
Gegen rech n ung			
mit rech n en			
nach rech n en			
über'rech n en			
'um rech n en			
Um rech n ung			
ver rech n en			
sich ver rech n en			
Ver rech n ung			
vor rech n en			
zu rech n en			
Zu rech n ung			
zusammen rech n en			
nach be rech n en			
Nach be rech n ung			
aus ge rech n et			P
un ge rech n et			
vor aus be rech n en			

```
Vor aus be rech n ung                    sich her aus red en
                                              vor bei red en
     Ab recht e                               hin ein red en
     An recht        NN                        da her red en
     An recht ler                            da wider red en
     auf recht       A                    da zwischen red en
     ent recht en                    'durch ein ander red en
     Ent recht ung
     ge recht        A                           un reell       A
     Ge recht ig keit
     Ge recht same   NF  A                   Gegen reformation       NF
     Un recht        NN
     un recht        A                         an reg en
     Vor recht       NN                        An reg er
   wider recht lich                            An reg ung
   Wider recht lich keit                      auf reg en
     zu recht        AV                       Auf reg ung
  un ge recht        A                         er reg bar
  Un ge recht ig keit                          Er reg bar keit
  be vor recht en                              er reg en
  Be vor recht ung                             Er reg er
     be recht ig en                            Er reg t heit
     be recht ig t                             Er reg ung
     Be recht ig ung                         über er reg bar
  un be recht ig t                           UEber er reg bar keit
                                              an ge reg t
     aus reck en                             auf ge reg t
     ver reck en                             Auf ge reg t heit

     Ab red e                                Gegen reg ier ung
     An red e
     an red en                                aus reg n en
     auf red en                            'durch reg n en
     Aus red e                                ein reg n en
     aus red en                          sich ein reg n en
 sich aus red en                             ver reg n en
     be red en                              her ab reg n en
 sich be red en                            her ein reg n en
     be red sam
     Be red sam keit                          ab reib en
     be red t                                 Ab reib ung
     Be red t heit                            an reib en
     Ein red e                               auf reib en
     ein red en        L                     aus reib en
     Ge red e      NN                        Aus reib er
  Gegen red e                             'durch reib en
     mit red en                        sich 'durch reib en
    Nach red e                                ein reib en
    nach red en                               Ein reib er
   über'red en                                Ein reib ung
   UEber red ung                             hin reib en
     un red lich                             ver reib en
     Un red lich keit                        Vor reib er
 sich unter'red en                           zer reib en
     Unter red ung
     Vor red e                     1         aus reich en
     vor red en       S             1         aus reich end
     Vor red ner                   1          Be reich       NM
   Wider red e                     1         dar reich en
     zu red en                     1         Dar reich ung
   ver ab red en                   1         Durch reich e
   Ver ab red ung                  1        'durch reich en
```

1	ein reich en		un rein	A	
1	Ein reich ung		Un rein heit		
1	er reich bar		un rein lich		
1	er reich en		Un rein lich keit		
1	Er reich ung		be rein ig en		
1	ge reich en		Be rein ig ung		
1	her reich en		ent rein ig en		
1	hin reich en		Ent rein ig ung		
1	über'reich en		ver un rein ig en		
1	UEber reich ung		Ver un rein ig ung		
1	weit reich end				
1	zu reich en		Ab reis e		
1	ver ab reich en		ab reis en		
1	her an reich en		An reis e		
1	her auf reich en		an reis en		
1	hin auf reich en		Aus reis e		
1	her aus reich en		aus reis en		
1	hin aus reich en		be reis en		
1	her ein reich en		Durch reis e		
1	hin ein reich en		'durch reis en		
1	un er reich bar		durch'reis en		
1	un er reich t		Durch reis ende		
1	her über reich en		Ein reis e		
1	hin über reich en		ein reis en		
1	her um reich en		fort reis en		
1	her unter reich en		Her reis e		
1	hin unter reich en		her reis en		S
1	un zu reich end		Hin reis e		
			hin reis en		
2	über reich A		mit reis en		
2	über reich lich		Mit reis ende		
2	Zwischen reich NN		nach reis en		
2	an reich er n		Rück reis e		
2	An reich er ung		um'reis en		
2	be reich er n		ver reis en		
2	Be reich er ung		Weiter reis e		
			weiter reis en		
	aus reif en		zurück reis en		
	be reif en		um 'her reis en		
	be reif en		her um reis en		S
	Be reif ung				
	Ge reif t heit		ab reiss en		
	Nach reif e		an reiss en		
	nach reif en		An reiss er		
	über reif A		auf reiss en		
	UEber reif e		aus reiss en		
	un reif A		Aus reiss er		
	Un reif e		'durch reiss en		
	Voll reif e		ein reiss en		
	'voll reif en		ent reiss en		
	her an reif en		fort reiss en		
			hin reiss en		
	an reih en		los 'reiss en		
	sich an reih en		mit reiss en		
	auf reih en		nieder reiss en		
	ein reih en		Nieder reiss ung		
	Ein reih ung		'um reiss en		
			um'reiss en		
	Ge reim e NN		ver reiss en		
	zusammen reim en S		Vor reiss er		
	un ge reim t		weg reiss en		
	Un ge reim t heit		zer reiss bar		

```
               zer reiss en                         her um reit en              S
               Zer reiss ung                        hin unter reit en
      sich zusammen reiss en          S          un vor be reit et
               her aus reiss en
               hin ein reiss en       S               An reiz         NM
               her um reiss en                        an reiz en
             her unter reiss en       S               auf reiz en
             hin unter reiss en                       Auf reiz ung
                un zer reiss bar                      ge reiz t
                Un zer reiss bar keit                 Ge reiz t heit
      aus ein ander reiss en                      über'reiz en
                                                  UEber reiz t heit
                   ab reit en                     UEber reiz ung
              sich ab reit en
                   an reit en                         an rempel n
                   auf reit en                        An rempel ung
              sich auf reit en
                  aus reit en                        aus renk en
                   be reit        A                  Aus renk ung
              sich be reit en                        ein renk en
                   be reit en                        Ein renk ung
                   be reit en                        ver renk en
                   Be reit er                        Ver renk ung
                   be reit s        AV
                   Be reit schaft                     an renn en
                   Be reit ung                        be renn en
              'durch reit en                      'durch renn en
              durch'reit en                           ein renn en
         sich 'durch reit en                         fort renn en
                  ein reit en                         Ge renn e         NN
             sich ein reit en                         hin renn en
                 fort reit en                         los renn en
                 nach reit en                         nach renn en
               nieder reit en                       nieder renn en
               über'reit en                         über'renn en
                 um'reit en                          'um renn en
                 'um reit en                     sich ver renn en
                  ver reit en                         Vor renn en       NN
             sich ver reit en                         vor renn en
                  vor reit en                     her auf renn en
                   zu reit en                     hin auf renn en       S
               zurück reit en                     her aus renn en
              her auf reit en                     hin aus renn en
              hin auf reit en                     her bei renn en
              her aus reit en                     vor bei renn en
              hin aus reit en                     her ein renn en
              vor aus reit en                     hin ein renn en
               auf be reit en        T            hin über renn en
               Auf be reit ung       T             her um renn en       S
               nach be reit en                  her unter renn en
               Nach be reit ung                 hin unter renn en
                vor be reit en
                Vor be reit ung                       un rent abel
                 zu be reit en
                 Zu be reit er                     UEber rest           NM
                 Zu be reit ung
               vor bei reit en                         er rett en
               her ein reit en                         Er rett er
               hin ein reit en                         Er rett ung
               ein her reit en                         un rett bar
                um 'her reit en                    her über rett en
               hin über reit en                    hin über rett en
```

```
be reu en
ge reu en

aus reut en              SG

Gegen revolution         NF

un rhythm isch

ab richt en
Ab richt er
Ab richt ung
An richt e
an richt en
auf richt en
auf richt ig
Auf richt ig keit
Auf richt ung           NF
aus richt en
sich aus richt en
Aus richt ung
Be richt        NM
be richt en
Be richt er
ein richt en
sich ein richt en
Ein richt ung
ent richt en
Ent richt ung
er richt en
Er richt ung
Ge richt         NN
Ge richt         NN
ge richt lich
Ge richt s bar keit
her richt en
hin richt en
Hin richt ung
Nach richt         NF
Nach richt er
nach richt lich
Ober richt er
Um richt er
un richt ig
Un richt ig keit
Unter richt        NM
unter'richt en
unter richt lich
Unter richt ung
ver richt en
Ver richt ung
vor richt en
Vor richt ung
zu richt en
Zu richt er
Zu richt ung
un auf richt ig
Un auf richt ig keit
wieder 'auf richt en
Wieder auf richt ung
Vor be richt        NM
Innen ein richt ung
```

```
wieder 'ein richt en
Wieder ein richt ung
ausser ge richt lich
Bei ge richt        NN
Ein ge richt e          NN
Neben ge richt        NN  T
Ober ge richt        NN  CH
Vor ge richt        NN
wieder 'her richt en
Fern unter richt        NM
un ver richt et
be richt ig en
Be richt ig ung
be nach richt ig en
Be nach richt ig ung

        RIEB: siehe REIB
Ab rieb        NM
ge rieb en           A   S
Ge rieb en heit              S

be riech en
hin ein riech en              S

Bei ried        NN  AU

ab riegel n
Ab riegel ung
auf riegel n
ein riegel n
ent riegel n
ver riegel n
Ver riegel ung
zu riegel n

Unter ries e

be riesel n
Be riesel ung
durch'riesel n
'durch riesel n
über'riesel n
her aus riesel n
her ein riesel n

ab riffel n

ab rind en
ent rind en

aus ring en
be ring en
Be ring ung
sich 'durch ring en
ent ring en
sich ent ring en
er ring en
Er ring ung
ge ring         A
nieder ring en
um'ring en
sich zusammen ring el n
```

```
     ver ring er n                              ver roh en
     Ver ring er ung                           Ver roh ung

      ab rinn en                              Fern rohr       NN
     aus rinn en
'durch rinn en                                  ab roll en
 durch'rinn en                                  an roll en
     ent rinn en          P                    auf roll en
      ge rinn bar                              aus roll en
      Ge rinn e      NN                        ein roll en
      Ge rinn sel    NN                        ent roll en
     ver rinn en                              fort roll en
     zer rinn en          P                    Ge röll      NN
  her ab rinn en                            Neben roll e            T
 her aus rinn en                            über'roll en
 her ein rinn en                              ver roll en           S
  un ent rinn bar                        sich ver roll en           S
                                                zu roll en
     aus ripp en                            zurück roll en
     ent ripp en                          zusammen roll en
      Ge ripp e    NN                sich zusammen roll en
      ge ripp t                            her ab roll en
                                    aus ein ander roll en
         RISS: siehe REISS
      Ab riss    NM                         'durch rost en
     Auf riss    NM                            ein rost en
     Ein riss    NM                            ent rost en
      ge riss en      A   S                    Ent rost ung
      Ge riss en heit                          ver rost en
      Um riss    NM
     zer riss en      A                         er röt en
     Zer riss en heit
  ab ge riss en      A                         aus rott en
 hin ge riss en      A                         Aus rott ung
                                               ver rott en
   Wider rist    NM                    sich zusammen rott en
                                           Zusammen rott ung
         RITT: siehe REIT                   un aus rott bar
     Aus ritt    NM
      Be ritt    NM                  1        an rüch ig
      be ritt en      A              1        An rüch ig keit
     Ein ritt    NM                  1        Ge rüch t      NN
      Um ritt    NM                  1        be rüch t ig t

         RITTER: siehe REIT          2            RUCH: siehe RUH
      un ritter lich                 2        ver ruch t
                                     2        Ver ruch t heit
     auf ritz en
     ein ritz en                     3            RUCH: siehe RIECH
 un ver ritz t                       3        Ge ruch      NM
                                     3        ge ruch los
         ROCH: siehe RIECH           3        Ge ruch los ig keit
  un ge roch en      A   P      1         ab rück en
                                1         an ruck en
      Ge röch el    NN          1        auf rück en
                                1        aus rück en
   UEber rock    NM             1        Aus rück er
   Unter rock    NM             1         be rück en
                                1        ein rück en
     aus rod en                 1        Ein rück ung
     Aus rod ung                1        ent rück en              P
```

1	Ent rück ung	P
1	fort rück en	
1	her rück en	S
1	hin rück en	
1	nach rück en	
1	ver rück en	
1	ver rück t	
1	Ver rück t heit	
1	Ver rück ung	
1	vor rück en	
1	zu rück en	
1	zusammen rück en	
1	her an rück en	
1	her aus rück en	
1	hin aus rück en	
1	her über rück en	
1	hin über rück en	
1	un ver rück bar	
1	un ver rück t	
1	her vor rück en	
2	hinter rück s	AV
3	an rück en	

```
    be rück-sicht ig en
    Be rück-sicht ig ung
    un be rück-sicht ig t

    ab ruder n
    An ruder n
    an ruder n
    Gegen ruder         NN

    Ab ruf          NM
    ab ruf en
    An ruf          NM
    an ruf en
    An ruf er
    An ruf ung
    Auf ruf         NM
    auf ruf en
    Aus ruf         NM
    aus ruf en
    Aus ruf er
    Aus ruf ung
    Be ruf          NM
    be ruf en
sich be ruf en
    be ruf lich
    be ruf s los
    Be ruf ung
'durch ruf en        S
    Fern ruf        NM
    her ruf en
    Nach ruf        NM
    nach ruf en
    Rück ruf        NM
    Ver ruf         NM
    ver ruf en
    weg ruf en
    Wider ruf       NM
```

```
    wider'ruf en
    wider ruf lich
    Wider ruf lich keit
    Wider ruf ung
    Zu ruf          NM
    zu ruf en
    zurück ruf en
    zusammen ruf en
    Zwischen ruf         NM
    her ab ruf en
    her auf ruf en           S
    hin auf ruf en
    her aus ruf en
    hin aus ruf en
    ab be ruf en
    Ab be ruf ung
    ein be ruf en
    Ein be ruf ung
    Neben be ruf        NM
    neben be ruf lich
    un be ruf en        A
    zurück be ruf en
    Zurück be ruf ung
    her bei ruf en
    her ein ruf en
    hin ein ruf en
    her über ruf en
    hin über ruf en
    her unter ruf en         S
    hin unter ruf en
    Her vor ruf         NM
    her vor ruf en
    un wider ruf lich
    Un wider ruf lich keit
da zwischen ruf en

    aus ruh en
    be ruh en
    ge ruh en
    ge ruh ig
    ge ruh sam
    Ge ruh sam keit
    Un ruh          NF
    Un ruh e
    un ruh ig
    un ruh voll
    be ruh ig en
sich be ruh ig en
    Be ruh ig ung
    be un ruh ig en
sich be un ruh ig en
    Be un ruh ig ung

    be rühm t
    Be rühm t heit
    Nach ruhm        NM
    nach rühm en
    un rühm lich

    ab rühr en
    an rühr en
    Auf ruhr         NM
```

```
        auf rühr en                           ab rutsch en
        Auf rühr er                          aus rutsch en
        auf rühr er isch                     ver rutsch en
         be rühr en                      her aus rutsch en
    sich be rühr en                      her um rutsch en          S
         Be rühr ung
     'durch rühr en                          zer rütt en
        ein rühr en                          Zer rütt ung
        her rühr en                          auf rütt el n
        'um rühr en                          Auf rütt el ung
      un be rühr bar                      'durch rütt el n
      un be rühr t                            Ge rütt el      NN
      Un be rühr t heit                       ge rütt el t
      un ge rühr t
    her um rühr en          S                  an sä en
                                              aus sä en
         ent rümpel n                          be sä en
         Ent rümpel ung                       ein sä en
          Ge rümpel      NN  S              über'sä en
          Ge rumpel      NN
       über'rumpel n                          Vor saal     NM  UG
      UEber rumpel ung
                                             Aus saat     NF
         ab rund en                          Ein saat     NF
         Ab rund ung                       Unter saat     NF  R
         auf rund en
         ent rund en        T                 be sabber n
         Ent rund ung       T
       über'rund en                           ab säbel n           S
      UEber rund ung                       nieder säbel n
          un rund     A  T
         Vor rund e        O                Neben sach e
    Zwischen rund e        O                neben säch lich
                                            Neben säch lich keit
         RUNG: siehe RING                      un sach lich
          er rung en      A                    Un sach lich keit
          Er rung en schaft                    Ur sach e
                                               ur säch lich
         RUPF: siehe RAUF                   Wider sach er       NM
         ab rupf en                        ver ur sach en
        aus rupf en                        Ver ur sach ung
        zer rupf en                            ver sach lich en

         be russ en                  1         ab sack en
        ver russ en                  1         Ab sack ung
                                     1      'durch sack en
         ab rüst en                  1         ver sack en
         Ab rüst ung
         auf rüst en                 2         ein sack en
         Auf rüst ung                2         Rück sack    NM
         aus rüst en                 2         ein säck el n
         Aus rüst er
         Aus rüst ung                          ent saft en
         ein rüst en                           Ent saft er
         ent rüst en
    sich ent rüst en          1                Ab sag e
         Ent rüst ung         1                ab sag en
          Ge rüst      NN     1                An sag e
          zu rüst en          1                an sag en
          Zu rüst ung         1                An sag er
Wieder auf rüst ung           1                auf sag en
                              1                Aus sag e
```

1	aus sag en	
1	be sag en	
1	be sag t	
1	ein sag en	
1	Ein sag er	
1	ent sag en	
1	Ent sag ung	
1	ent sag ung s voll	
1	her sag en	
1	hin sag en	
1	sich los sag en	
1	Los sag ung	
1	nach sag en	
1	un sag bar	
1	un säg lich	
1	unter'sag en	
1	Unter sag ung	
1	ver sag en	
1	Ver sag er	
1	vor sag en	
1	weiter sag en	
1	'wieder sag en	S
1	Zu sag e	
1	zu sag en	
1	Gegen aus sag e	
1	her aus sag en	
1	Vor aus sag e	
1	vor aus sag en	
1	Vor aus sag ung	
1	un ge sag t	
1	Vor her sag e	
1	vor her sag en	
2	ab säg en	
2	an säg en	
2	aus säg en	
2	'durch säg en	
2	ein säg en	
2	zer säg en	
	ab sahn en	
	Nach saison	NF
	Vor saison	NF
	be sait en	
	ein salb en	
	aus salz en	T
	ein salz en	
	ent salz en	
	Ent salz ung	
	ge salz en	A S
	Ge salz enes	NN
	ver salz en	
	Voll salz	NN
	Ein ge salz enes	
1	sich an sam en	
1	An sam ung	
1	be sam en	

1	Be sam ung	
2	ge sam t	A
2	Ge sam t heit	
2	mit sam t	P
2	zu sam t	P
2	ins ge sam t	AV
	SAMMEL: siehe SAM 2	
	an sammel n	
	sich an sammel n	
	auf sammel n	
	be sammel n	CH
	ein sammel n	
	ver sammel n	
	An samm l ung	
	Be samm l ung	CH
	Ver samm l ung	
	Voll ver samm l ung	
	SAMMEN: siehe SAM 2	
	bei sammen	AV
	mit sammen	AV
	zu sammen	AV
	SAND: siehe SEND	
	Auf sand ung	
	Ge sand te	NM
	Ge sand tin	NF
	Ge sand t schaft	
	Ver sand	NM
	ver sand en	
	Ver sand ung	
	ab ge sand te	
	un sanft	A
	be sänft ig en	
	Be sänft ig ung	
	SANG: siehe SING	
	Ge sang	NM
	ge sang lich	
	Vor säng er	
	Ab ge sang	NM
	Auf ge sang	NM
	ein sarg en	
	Ein sarg ung	
	SASS: siehe SITZ	
	an säss ig	
	An säss ig keit	
	auf säss ig	
	Auf säss ig keit	
	Bei sass e	NM
	Ge säss	NN
	Hinter sass e	NM
	In sass e	NM
	In sass in	
	über satt	A
	un er sätt lich	

Un er sätt lich keit		
ge sätt ig t		
Über'sätt ig en		
UEber sätt ig ung		
un ge sätt ig t		

ab sattel n
'um sattel n
un ge sattel t

        SATZ: siehe SITZ

Ab satz	NM	
An satz	NM	
Auf satz	NM	
Aus satz	NM	
aus sätz ig		
Aus sätz ig e		
Be satz	NM	
Be satz ung		
Bei satz	NM	
Durch satz	NM	
Ein satz	NM	
Ent satz	NM	
Er satz	NM	
Fern satz	NM	
Fort satz	NM	
Gegen satz	NM	
gegen sätz lich		
Gegen sätz lich keit		
Nach satz	NM	
Neben satz	NM	G
Um satz	NM	
Unter satz	NM	
Ver satz	NM	
Vor satz	NM	
vor sätz lich		
Vorder satz	NM	
Zu satz	NM	
zu sätz lich		
Zwischen satz	NM	G
un vor sätz lich		

ein sau en   S
ver sau en   S

un sauber   A
Un sauber keit

an säuer n
durch'säuer n
ein säuer n
Ein säuer ung
ent säuer n
Ent säuer ung
über'säuer n
UEber säuer ung
ver sauer n
un ge säuer t

ab sauf en   S
sich an sauf en   S
aus sauf en

sich be sauf en   S
Be säuf nis
er säuf en   S
er sauf en   S
Er säuf ung   S
Erz säuf er
ver sauf en

ab saug en
ab säug en
an saug en
sich an saug en
auf saug en
aus saug en
Aus saug er
ein saug en
Ge säug e   NN   H
sich 'voll saug en
her aus saug en
her ein saug en
ab säug el n

1   ein säum en
1   um'säum en
1   'um säum en
1   un ge säum t

2   ver säum en
2   Ver säum nis
2   ver ab säum en
2   un ge säum t   P

durch'saus en
'durch saus en   S
Ge saus e   NN
nieder saus en
um'saus en

SAUS EL: siehe SAUF
an säus el n   S
Ge säus el   NN
an ge säus el t   S

ab schab en
Ab schab sel
aus schab en
Aus schab ung
'durch schab en
sich 'durch schab en
ab ge schab t

Fern schach   NN

ver schacher n   S

aus schacht en
Aus schacht ung

ein schachtel n
ver schachtel t

un schäd lich

```
        Un schäd lich keit      1           be schäl en
     un be schad et       P      1           Be schäl er
        be schäd ig en            1           Be schäl ung
        Be schäd ig ung           1           ein schal en
       ent schäd ig en            1           ver schal en
       Ent schäd ig ung           1           Ver schal ung
    un be schäd ig t              1       her aus schäl en

        ab schaff en              2           Vor schäl er
        Ab schaff ung
  sich an schaff en                           Erz schalk        NM
        An schaff ung
        be schaff en                          be schall en
        be schaff en      A                durch'schall en
        Be schaff en heit                  'durch schall en
        Be schaff ung                       Durch schall ung
        er schaff en                          er schall en
        Er schaff er                         UEber schall        NM
        Er schaff ung                        über'schall en
      fort schaff en                         Wider schall        NM
       her schaff en      S                  'wider schall en
       hin schaff en                        zurück schall en
      nach schaff en                       her auf schall en
      'um schaff en                        her aus schall en
       ver schaff en                       her ein schall en
     zurück schaff en                    ent gegen schall en
 Wieder an schaff ung                     her über schall en
   her auf schaff en                      hin über schall en
   hin auf schaff en
sich hin auf schaff en                        aus schalm en      T
   her aus schaff en
   hin aus schaff en                          ab schalt en
 'wieder be schaff en                         an schalt en
 Wieder be schaff ung                         aus schalt en      T
   her bei schaff en                          Aus schalt er
   her ein schaff en                          Aus schalt ung
   hin ein schaff en                       'durch schalt en
   her über schaff en                         ein schalt en
   hin über schaff en                   sich ein schalt en
 her unter schaff en     S                    Ein schalt ung
 hin unter schaff en                         Neben schalt ung    T
                                             'um schalt en       S
1        an schäft en                         Um schalt er
2        Ge schäft          NN               Um schalt ung       S
2        Ge schäft chen     S             zurück schalt en
2        ge schäft ig                hinter ein ander schalt en    T
2        Ge schäft ig keit           Hinter ein ander schalt ung   T
2        ge schäft lich               neben ein ander schalt en    T
2     un be schäft ig t                Neben ein ander schalt ung   T
2  Neben ge schäft        NN
2        be schäft ig en                      be schäm en
2   sich be schäft ig en                      Be schäm ung
2        Be schäft ig ung                     ver schäm t
2        be schäft ig ung s los            un ver schäm t
2        Be schäft ig ung s los ig keit    Un ver schäm t heit
2  Neben be schäft ig ung
2   Voll be schäft ig ung                     zu schand en
                                             ver schand el n      S
1        ab schäl en                         Ver schand el ung    S
1        aus schäl en
1        aus schal en                        SCHANK: siehe SCHENK
                                             Aus schank         NM
```

```
        ver schanz en                      Um schau      NF
        Ver schanz ung               sich 'um schau en
        zu schanz en        S              Vor schau      NF
                                           vor schau end
    UEber schar        NF              weit schau end
sich zusammen schar en                      zu schau en
                                            Zu schau er
        auf schärf en       H              Zu schau erin
        ein schärf en                  zurück schau en
        ent schärf en               Zusammen schau      NF
         un scharf        A             her ab schau en
         Un schärf e        T           hin ab schau en
        ver schärf en                  her auf schau en
        Ver schärf ung                 hin auf schau en
                                       her aus schau en
        auf scharr en                  hin aus schau en
        aus scharr en                  vor aus schau en
        ein scharr en                  her ein schau en
        ver scharr en                  hin ein schau en
         zu scharr en                   um 'her schau en
    zusammen scharr en                 her über schau en
                                       hin über schau en
         ab schatt en                  her um schau en           S
         Ab schatt ung             her unter schau en
         be schatt en              hin unter schau en
         Be schatt ung                 her vor schau en
      über'schatt en                   ver an schau lich en
     UEber schatt ung                  Ver an schau lich ung
       um'schatt en

         ab schätz en                      er schauder n
         Ab schätz er                  zurück schauder n
         ab schätz ig
         Ab schätz ung              durch'schauer n
         ein schätz en
         Ein schätz ung                 ab schaufel n
      über'schätz en                    auf schaufel n
     UEber schätz ung                   aus schaufel n
         un schätz bar                  ein schaufel n
     unter'schätz en                    weg schaufel n
                                         zu schaufel n
         an schau en               zusammen schaufel n
         an schau lich
         An schau lich keit            Ab schaum       NM
         An schau ung                  ab schäum en
         auf schau en                  auf schäum en
        Aus schau       NF            'über schäum en
         aus schau en
         Be schau       NF             ge scheck t
         be schau en
         Be schau er                   Ge scheh en       NN
         be schau lich                 ge scheh en
         Be schau lich keit            Ge scheh nis
       'durch schau en              un ge scheh en       A
      durch'schau en
         er schau en                   ab scheid en
         her schau en                  Ab scheid er
         hin schau en                  Ab scheid ung
        nach schau en                  aus scheid en
        Rück schau       NF           Aus scheid ung
       UEber schau       NF            Be scheid       NM
       über'schau en                   be scheid en       A
                                       be scheid en
```

```
sich be scheid en                      aus schenk en
     Be scheid en heit                  be schenk en
        be scheid en t lich             Be schenk ung
     Ent scheid      NM                 ein schenk en
     ent scheid en                      Erz schenk      NM  A
sich ent scheid en                      Ge schenk       NN
     ent scheid end                     ver schenk en
     Ent scheid ung                    'voll schenk en
     Ge scheid e      NN  H            weg schenk en
     hin scheid en         P       Gegen ge schenk      NN
   unter scheid bar
   unter'scheid en                    Ober schenkel      NM
   Unter scheid ung                  Unter schenkel      NM
     ver scheid en
      un be scheid en      A    1        ab scher en
      Un be scheid en heit      1        Ab scher ung
     Vor be scheid    NM       1         be scher en
Zwischen be scheid    NM       1         Be scher ung
     Vor ent scheid ung       1        'durch scher en
      da hin scheid en       P  1         ge scher t              UG

      An schein     NM       2        aus scher en
      an schein en           2        ein scher en
      an schein end    AV    2   sich fort scher en          S
      be schein en           2   sich weg scher en           S
    'durch schein en         2 sich hin aus scher en          S
    durch schein end
      er schein en                    ver scherb el n          S
      Er schein ung
      Ge schein     NN                ver scherz en
   Gegen schein     NM
    Rück schein     NM                 Ab scheu     NM
      un schein bar                    ab scheu lich
      Un schein bar keit               Ab scheu lich keit
     Vor schein     NM              zurück scheu en
   Wider schein     NM                 ver ab scheu en
    'wider schein en                   un ge scheu t
     her ein schein en
     hin ein schein en                 auf scheuch en
   Neben er schein ung en    NP       fort scheuch en
  'wieder er schein en                 ver scheuch en
   Wieder er schein ung             zurück scheuch en
         be schein ig en
         Be schein ig ung              ab scheuer n
                                       auf scheuer n
      an scheiss en        S           aus scheuer n
      be scheiss en        S         'durch scheuer n
                                 sich 'durch scheuer n
         SCHEIT: siehe SCHEID          ein scheuer n
       ge scheit     A                 ver scheuer n              S
       Ge scheit heit
                                 1     ab schicht en              L
      ab scheitel n          1         auf schicht en
                             1         be schicht en
                             1         Be schicht ung
      ab schelfer n          1       Ober schicht      NF
                             1       UEber schicht      NF
      zer schell en          1         Um schicht      NF  I
                             1        'um schicht en
      Erz schelm    NM  S    1         um schicht ig
                             1         Um schicht ung
      aus schelt en          1      Unter schicht      NF
```

```
1   zusammen schicht en

2       SCHICHT: siehe SCHEH
2       Ge schicht chen      NN
2       Ge schicht e       NF
2       ge schicht lich
2    Ur ge schicht e
2    Ur ge schicht ler
2    ur ge schicht lich
2   Vor ge schicht e
2   vor ge schicht lich

        ab schick en
   sich an schick en
       aus schick en
        be schick en
        Be schick ung
       ein schick en
      fort schick en
        Ge schick           NN
        Ge schick lich keit
        ge schick t
       her schick en              S
       hin schick en
       mit schick en
      nach schick en
     über'schick en
        un schick lich
        Un schick lich keit
       ver schick en
       Ver schick ung
       vor schick en
       weg schick en
    weiter schick en
        zu schick en
    zurück schick en
    her ab schick en
    her auf schick en
    hin auf schick en
    her aus schick en
    hin aus schick en
    vor aus schick en
    her ein schick en
    hin ein schick en
   Miss ge schick           NN
     Un ge schick           NN
     Un ge schick lich keit
     un ge schick t
ent gegen schick en
    her über schick en
    hin über schick en
     her um schick en              S
     ver un schick en              CH
  her unter schick en
  hin unter schick en

        ab schieb en
        an schieb en
        auf schieb en
        Auf schieb ling       NM
    'durch schieb en              S
       ein schieb en
```

```
       Ein schieb sel       NN
       Ein schieb ung
      fort schieb en
        Ge schieb e          NN
       her schieb en              S
       hin schieb en
    'unter schieb en
    unter'schieb en
     Unter schieb er
     Unter schieb ung
       ver schieb bar
       ver schieb en
       Ver schieb ung
       vor schieb en
        zu schieb en
    zurück schieb en
  zusammen schieb en
    her auf schieb en
    hin auf schieb en
     un auf schieb bar
     Un auf schieb bar keit
    her aus schieb en
    her ein schieb en
    hin ein schieb en
    her über schieb en
    hin über schieb en

        SCHIED: siehe SCHEID
        Ab schied          NM
       ent schied en           A
       Ent schied en heit
       Hin schied          NM CH
     Unter schied          NM
     unter schied lich
     unter schied s los
       ver schied en           A
       Ver schied en heit
       ver schied en t lich
    ver ab schied en
sich ver ab schied en
    Ver ab schied ung
    un ent schied en           A
    ab ge schied en           A
    Ab ge schied en heit

        ab schiefer n

        an schiel en

        be schien en
       ein schien en

   hin aus schier en

        ab schiess en
        an schiess en
       auf schiess en
       aus schiess en
        be schiess en
        Be schiess ung
    durch'schiess en
    'durch schiess en
```

```
       ein schiess en                    Be schimpf ung
  ich ein schiess en                     Ge schimpf e      NN  S
       er schiess en                    ver schimpf ier en           S
       Er schiess ung
      los schiess en                     ab schind en
   nieder schiess en                     auf schind en
   'über schiess en                  her aus schind en
    'um schiess en
      ver schiess en                  Vorder schinken    NM
  ich ver schiess en
      vor schiess en                     ab schirm en
      zer schiess en                     Ab schirm ung
       zu schiess en      S              be schirm en           P
  usammen schiess en                     Be schirm er
   her ab schiess en                     Be schirm ung          P
  hin auf schiess en
  her aus schiess en                     ab schirr en
  hin aus schiess en                     an schirr en
  vor bei schiess en                     An schirr ung
  her ein schiess en                    aus schirr en
  hin ein schiess en                     Ge schirr      NN
  a neben schiess en                 Vor ge schirr      NN
  r unter schiess en
  n unter schiess en                 SCHISS: siehe SCHEISS
  her vor schiess en                     An schiss      NM  S
                                         Be schiss          S
       aus schiff en                     Ver schiss     NM  S
   ich aus schiff en
       Aus schiff ung                    be schlabber n           S
   durch'schiff en                  sich be schlabber n           S
       ein schiff en
   ich ein schiff en                 SCHLACHT: siehe SCHLAG
       Ein schiff ung                    ab schlacht en
    Hinter schiff       NN               Ab schlacht ung
     Neben schiff       NN              aus schlacht en
       um'schiff en                     Aus schlacht ung
        Um schiff ung                    Be schlächt        NN
       ver schiff en                    hin schlacht en
       Ver schiff ung                  ober schlächt ig
      Voll schiff       NN             über schlächt ig
       Vor schiff       NN  N         unter schlächt ig
    Vorder schiff       NN            un ge schlacht    A

        an schift en          T          ent schlack en
                                         Ent schlack ung
        be schild er n                   ver schlack en
        Be schild er ung                 Ver schlack ung

       ver schilf en                    aus schlaf en
                                         Bei schlaf     NM
  SCHILFER: siehe SCHELFER               Bei schläf er
        ab schilfer n                    Bei schläf erin
        Ab schilfer ung              'durch schlaf en
                                         ein schlaf en
       ver schimmel n                    ent schlaf en
                                      über'schlaf en
   'durch schimmer n                     ver schlaf en      A
  her vor schimmer n                     ver schlaf en
                                         Ver schlaf en heit
       aus schimpf en               hin über schlaf en           S
        be schimpf en                    ein schläf er ig
                                         ein schläf er n
```

Ein schläf er ung	zer schlag en
	sich zer schlag en
be schlaff en	Zer schlag en heit
er schlaff en	Zer schlag ung T
Er schlaff ung	Zu schlag NM
	zu schlag en
Ab schlag NM	zurück schlag en
ab schlag en	zusammen schlag en
ab schläg ig	her ab schlag en
ab schläg lich	ver an schlag en
An schlag NM	Ver an schlag ung
an schlag en	Vor an schlag NM
An schläg er	be auf schlag en
an schläg ig	her aus schlag en
Auf schlag NM	hin ein schlag en
auf schlag en	nieder ge schlag en A
Auf schläg er	Nieder ge schlag en heit
Aus schlag NM	her um schlag en S
Be schlag NM	her unter schlag en
be schlag en A	Gegen vor schlag NM
be schlag en	auf ein ander schlag en
Bei schlag NM	aus ein ander schlag en
Durch schlag NM	Aus ein ander schlag ung
'durch schlag en	'über ein ander schlag en
durch'schlag en	
sich 'durch schlag en	ab schlämm en
durch schläg ig	an schlämm en
Ein schlag NM	auf schlämm en
ein schlag en	aus schlämm en
ein schläg ig	ver schlamm en
sich ent schlag en	
er schlag en	ver schlamp en S
Er schlag ung	
Gegen schlag NM	sich 'durch schläng el n
hin schlag en	sich her um schläng el n S
los schlag en	
Nach schlag NM T	voll schlank A
nach schlag en	
Nieder schlag NM T	SCHLECHT: siehe SCHLAG
nieder schlag en	Ge schlecht NN
Nieder schlag ung	ge schlecht lich
Rück schlag NM	ge schlecht s los
UEber schlag NM	Ge schlecht s los ig keit
'über schlag en	un ge schlecht lich
über'schlag en	ver schlecht er n
über schlag en A	sich ver schlecht er n
sich über'schlag en	Ver schlecht er ung
über schläg ig	
über schläg lich	SCHLECK: siehe LECK
Um schlag NM	ab schleck en
'um schlag en	
Unter schlag NM	an schleich en
unter'schlag en	sich an schleich en
'unter schlag en	be schleich en
Unter schlag ung	'durch schleich en
Ver schlag NM	sich ein schleich en
ver schlag en	er schleich en
ver schlag en A	Er schleich ung
Ver schlag en heit	sich fort schleich en
'voll schlag en S	hin schleich en
Vor schlag NM	nach schleich en
vor schlag en	

```
          um'schleich en                her ein schlepp en
          weg schleich en                hin ein schlepp en
       her an schleich en            sich da hin schlepp en
       her auf schleich en              her um schlepp en              S
       hin auf schleich en
       her aus schleich en                aus schleuder n
       hin aus schleich en               fort schleuder n
       her bei schleich en                ver schleuder n
   sich her ein schleich en            her aus schleuder n
       hin ein schleich en
        um 'her schleich en                be schleun ig en
       her über schleich en               Be schleun ig er
       hin über schleich en               Be schleun ig ung
        her um schleich en       S
      her unter schleich en                be schleus en
      hin unter schleich en                Be schleus ung
   sich da von schleich en       S        'durch schleus en
                                           ein schleus en
           ent schleier n                  Ein schleus ung
           Ent schleier ung
           um'schleier n                   ein schlief en
           ver schleier n
           Ver schleier ung                 ab schliess en
        un ver schleier t              sich an schliess en
                                            an schliess end
            ab schleif en                  auf schliess en
           aus schleif en              sich auf schliess en
           ein schleif en                  aus schliess en
          fort schleif en                  aus schliess lich
          nach schleif en                  Aus schliess lich keit
         Unter schleif      NM  AU         Aus schliess ung
           ver schleif en                   be schliess en
        her um schleif en          S        Be schliess er
                                            Be schliess erin
            Ur schleim      NM             bei schliess en
           ver schleim en                  ein schliess en
           Ver schleim ung                 ein schliess lich      AV
                                            Ein schliess ung
           Ver schleiss     NM        sich ent schliess en
           ver schleiss en                  Ent schliess ung
           Ver schleiss er       AU          er schliess en
           zer schleiss en                   Er schliess ung
                                           um'schliess en
          fort schlender n                  Um schliess ung
       ein her schlender n                 ver schliess bar
        um 'her schlender n                 ver schliess en
        her um schlender n     S           weg schliess en
                                            zu schliess en
            ab schlepp en           zusammen schliess en
        'durch schlepp en              her um schliess en              S
           ein schlepp en              un ver schliess bar
          fort schlepp en
      sich fort schlepp en               SCHLIFF: siehe SCHLEIF
           her schlepp en        S         An schliff       NM
           hin schlepp en        S      ab ge schliff en          A
      sich hin schlepp en        S      Ab ge schliff en heit
           mit schlepp en              un ge schliff en          A
          nach schlepp en              Un ge schliff en heit
           ver schlepp en
       her aus schlepp en                 ver schlimm er n
       hin aus schlepp en            sich ver schlimm er n
       her bei schlepp en                 Ver schlimm er ung
```

```
'durch schling en                        SCHLUSS: siehe SCHLIESS
      Ge schling       NN          Ab schluss       NM
      Ge schling       NN          An schluss       NM
      um'schling en                Auf schluss      NM
      Um schling ung               Aus schluss      NM
     ver schling en                 Be schluss      NM
     Ver schling ung                Bei schluss     NM
  her um schling en       S         Ein schluss     NM
hin unter schling en      S         Ent schluss     NM
                                   Nach schlüss el        NM
      Un schlitt       NN          Neben schluss    NM  T
                                   Rück schluss     NM
  her ein schlitter n     S           un schlüss ig
  hin ein schlitter n     S           Un schlüss ig keit
                                      Ver schluss    NM
      auf schlitz en           Zusammen schluss     NM
                               Fern an schluss      NM
         SCHLOSS: siehe SCHLIESS  Neben an schluss  NM
      be schloss en      A          ver schlüss el n
     ent schloss en      A          Ver schlüss el ung
     Ent schloss en heit
      ge schloss en      A          auf schlüssel n
      Ge schloss en heit            ent schlüssel n
     ver schloss en      A
     Ver schloss en heit            ver schmacht en
  un ent schloss en      A       da hin schmacht en
  Un ent schloss en heit
   un er schloss en      A          Ge schmack       NM
   an ge schloss en      A          ge schmack los
   auf ge schloss en     A          Ge schmack los ig keit
   Auf ge schloss en heit           ge schmack voll
   aus ge schloss en     A          Vor schmack      NM  A
   bei ge schloss en     A       ab ge schmack t
   un ver schloss en     A       Ab ge schmack t heit
                                  Bei ge schmack     NM
         SCHLUCHZ: siehe SCHLUCK  Nach ge schmack    NM
      auf schluchz en            Neben ge schmack    NM
                                    Un ge schmack     NM
  hinter schluck en       S       Vor ge schmack     NM
     ver schluck en
 sich ver schluck en               ver schmäh en
 her unter schluck en     S
 hin unter schluck en           un ge schmäler t

     ein schlummer n              ab schmatz en            S
     ent schlummer n
hin über schlummer n      S       ab schmeck en
                               'durch schmeck en
     Aus schlupf       NM        nach schmeck en
     aus schlüpf en              vor schmeck en
   Durch schlupf      NM
  'durch schlüpf en              ab schmeichel n
     ent schlüpf en         sich ein schmeichel n
   Unter schlupf      NM         er schmeichel n
  'unter schlupf en
  her aus schlüpf en             Ge schmeid e       NN
  hin aus schlüpf en             ge schmeid ig
  her ein schlüpf en             Ge schmeid ig keit
  hin ein schlüpf en          un ge schmeid ig

     aus schlürf en              ein schmeiss en          S
     ein schlürf en              Ge schmeiss      NN  S
```

```
hin schmeiss en        S              Ver schmitz t heit
nach schmeiss en
'um schmeiss en         S              Ge schmor te          NN
weg schmeiss en         S
zer schmeiss en         S              aus schmück en
 zu schmeiss en                        Aus schmück ung
her aus schmeiss en
Her aus schmeiss er                    'durch schmuggel n
hin aus schmeiss en     S              ein schmuggel n
her ein schmeiss en     S              her aus schmuggel n
hin ein schmeiss en     S              hin aus schmuggel n
her unter schmeiss en                  her ein schmuggel n
hin unter schmeiss en   S              hin ein schmuggel n

ab schmelz en                          Ge schmus e           NN  S
Ab schmelz ung
aus schmelz en                         be schmutz en
'durch schmelz en                      Be schmutz ung
ein schmelz en                         ein schmutz en
Ein schmelz ung                        ver schmutz en
hin schmelz en          S
'um schmelz en                         ab schnall en
Um schmelz ung                         an schnall en
un schmelz bar          T              auf schnall en
ver schmelz en                         'um schnall en
Ver schmelz ung                        zu schnall en
zer schmelz en
zusammen schmelz en                    ab schnapp en
                                       auf schnapp en
ver schmerz en                         aus schnapp en
                                       ein schnapp en
Ge schmetter           NN              er schnapp en
nieder schmetter n                     'über schnapp en
zer schmetter n                  sich ver schnapp en          S
                                       weg schnapp en
   SCHMIED: siehe SCHMEID              zu schnapp en
an schmied en
                                       Ge schnatt er          NN
an schmieg en
an schmieg sam                         aus schnaub en              NG
An schmieg sam keit
                                       aus schnauf en
ab schmier en                          ver schnauf en          S
an schmier en                    sich ver schnauf en          S
aus schmier en
be schmier en                          an schnauz en           S
ein schmier en                         An schnauz er           S
Ge schmier          NN
hin schmier en          S              be schnei en
ver schmier en                         ein schnei en
'voll schmier en                       ver schnei en
zu schmier en                          zu schnei en
                                  her ein schnei en
ab schmink en
un ge schmink t                        ab schneid en
                                       Ab schneid er
ab schmirgel n                         an schneid en
                                       auf schneid en
   SCHMISS: siehe SCHMEISS             Auf schneid er
auf ge schmiss en    A    S            Auf schneid erei
                                       auf schneid er isch
ver schmitz t                          aus schneid en
```

```
        be schneid en                      ab schnür en
        Be schneid ung                     Ab schnür ung
   durch'schneid en                        an schnür en
  'durch schneid en                        auf schnür en
        ein schneid en                     aus schnür en
        nach schneid en                    ein schnür en
        über'schneid en                    Ein schnür ung
        UEber schneid ung                  um'schnür en
        unter'schneid en                   ver schnür en
        Unter schneid ung                  Ver schnür ung
        ver schneid en                     zu schnür en
        vor schneid en                zusammen schnür en
        weg schneid en
        zer schneid en                     SCHOLL: siehe SCHALL
        zu schneid en                      ver scholl en       A
        Zu schneid er
    her aus schneid en                     SCHOLT: siehe SCHELT
    hin ein schneid en                     be scholt en
                                      un be scholt en          A
        ab schnell en                   Un be scholt en heit
   sich ab schnell en
        auf schnell en                     ob schon           C
        fort schnell en                    un schön           A
        vor schnell    A                   ver schön en
     zurück schnell en                     ver schon en
                                           Ver schön ung
   sich aus schneuz en              un ver schon t
                                           ver schön er n
        ge schniegel t                     Ver schön er ung
                                           be schön ig en
            SCHNITT: siehe SCHNEID         Be schön ig ung
        Ab schnitt      NM
        An schnitt      NM                 ab schöpf en
        Auf schnitt     NM                 aus schöpf en
        Aus schnitt     NM                 ein schöpf en
        Be schnitt ener                    er schöpf bar
     Durch schnitt      NM                 er schöpf en
     durch schnitt lich                    er schöpf lich
        Ein schnitt     NM                 er schöpf t
        Ver schnitt     NM                 Er schöpf ung
        Zu schnitt      NM                 Ge schöpf        NN
    aus ge schnitt en      A               Ge schöpf chen
    un ver schnitt en      A           her aus schöpf en
                                      un er schöpf lich
        Ab schnitz el        NN
        ein schnitz en                     SCHOR: siehe SCHER
                                      un ge schor en          A
        ver schnörkel n
        Ver schnörkel ung                  ver schorf en
                                           Ver schorf ung
        aus schnüffel n         S
                                           SCHOSS: siehe SCHIESS
        be schnüff el n              durch schoss en          A
        Be schnüff el ung               er schoss en          A
                                           Er schoss ene
   'durch schnüffel n                      Ge schoss        NN
    her um schnüffel n       S             ge schoss ig
                                     Ober ge schoss           NN
        ver schnupf en          S   Unter ge schoss           NN
                               Zwischen ge schoss             NN
        be schnupp er n
                                           be schott er n
```

```
      Be schott er ung          'durch ein ander schrei en

      ab schräg en                  ab schreib en
      Ab schräg ung                 Ab schreib er
                                    Ab schreib ung
      zer schramm en                an schreib en
                                    An schreib en        NN
      ab schrank en                 auf schreib en
      be schrank en                 aus schreib en
      be schränk en                 Aus schreib ung
      be schränk t                  be schreib en
      Be schränk t heit             Be schreib ung
      Be schränk ung                bei schreib en
      ein schränk en                'durch schreib en
      Ein schränk ung               ein schreib en
      ver schränk en                Ein schreib er
      Ver schränk ung               Ein schreib ung
      un be schrank t               Fern schreib er
      un be schränk t               fort schreib en
      Ein ge schränk t heit         Ge schreib sel       NN  S
      un um schränk t               hin schreib en
   un ein ge schränk t              mit schreib en
                                    nach schreib en
      ab schraub en              nieder schreib en
      an schraub en                Rück schreib en        NN
      auf schraub en               über'schreib en
      aus schraub en               UEber schreib ung
      ein schraub en                um'schreib en
      ge schraub t                  'um schreib en
      Ge schraub t heit             Um schreib ung
   Gegen schraub e                  Um schreib ung
      los schraub en            unter'schreib en
      ver schraub en                ver schreib en
      Ver schraub ung          sich ver schreib en
      zu schraub en                 Ver schreib ung
   zurück schraub en              'voll schreib en
zusammen schraub en                vor schreib en
   hin auf schraub en                zu schreib en
   her aus schraub en            zurück schreib en
  her unter schraub en         zusammen schreib en
                                her aus schreib en
      ab schreck en              un be schreib lich
      Ab schreck ung             hin ein schreib en
      an schreck en        H     dar über schreib en
      auf schreck en            dar unter schreib en
      er schreck en             mit unter schreib en
      er schreck lich      A       da zu schreib en
   zurück schreck en
zusammen schreck en                 ab schreit en
                                    aus schreit en
      an schrei en                 Aus schreit ung
      Auf schrei        NM         be schreit en
      auf schrei en            durch'schreit en
      be schrei en                 ein schreit en
      Ge schrei        NN          fort schreit en
      nach schrei en               rück schreit end
   nieder schrei en                über'schreit en
      über'schrei en               UEber schreit ung
 sich über'schrei en           unter'schreit en
      ver schrei en                vor schreit en
   her aus schrei en                zu schreit en
   her um schrei en     S        zurück schreit en
```

```
    ein her schreit en                    ver schrumpel n          LG
    un über schreit bar
                                          ein schrumpf en
         SCHRIEB: siehe SCHREIB     zusammen schrumpf en
     un be schrieb en        A
     an ge schrieb en        A              SCHUB: siehe SCHIEB
     un ge schrieb en        A         Auf schub        NM
                                       Ein schub        NM
         SCHRIFT: siehe SCHREIB       Nach schub        NM
     Ab schrift      NF              Vor schub        NM
     ab schrift lich
     An schrift      NF              ein schüchter n
     Auf schrift     NF              Ein schüchter ung
     be schrift en                    ver schüchter n
     Be schrift ung
    Bei schrift      NF          sich ab schuft en
  Durch schrift      NF
  Gegen schrift      NF              an schuh en
    In schrift      NF              aus schuh en              T
    in schrift lich                  be schuh en
   Nach schrift      NF              Be schuh ung
  Nieder schrift     NF              Ge schüh e        NN  UG
   UEber schrift     NF             UEber schuh       NM
     Um schrift      NF
  Unter schrift      NF              aus schul en
    Ur schrift      NF              ein schul en
    ur schrift lich                 Ein schul ung
    Vor schrift      NF             Fern schul ung
    Zu schrift      NF              Mit schül er
Gegen unter schrift     NF          Ober schul e
                                    'um schul en
    Fort schritt                    Um schul ung
    Fort schritt ler                ver schul en
    fort schritt lich               Ver schul ung
    Rück schritt      NM            Vor schul e
    Rück schritt ler                vor schul isch
    rück schritt lich          fern ge schul t
    Fort ge schritt ene
                                    ent schuld bar
         SCHROB: siehe SCHRAUB      Ent schuld bar keit
     ver schrob en       A          ent schuld en
     Ver schrob en heit             Ent schuld ung
                                   Gegen schuld       NF
         SCHROCK: siehe SCHRECK     Mit schuld       NF
     er schrock en       A          mit schuld ig
     Er schrock en heit             Mit schuld ig e
     er schröck lich       S       über' schuld en
  un er schrock en        A        UEber schuld ung
  Un er schrock en heit            'um schuld en
                                    Um schuld ung
     ab schröpf en                  Un schuld       NF
                                    un schuld ig
     ab schrot en                   un schuld s voll
     Ab schröt er                   ver schuld en
    aus schrot en                   Ver schuld ung
    ver schrot en                   zu schuld en       AV
                                un ent schuld bar
         SCHROTT: siehe SCHROT  un ver schuld et
     ver schrott en                 an schuld ig en        L
                                    An schuld ig ung       L
         SCHRUMPEL: siehe SCHRUMPF  be schuld ig en
    ein schrumpel n        S        Be schuld ig er
```

```
      Be schuld ig te                      weg schütt en
      Be schuld ig ung                      zu schütt en
         ent schuld ig en              zusammen schütt en
         Ent schuld ig ung                 her aus schütt en
 Gegen be schuld ig ung                    hin aus schütt en
    an ge schuld ig te                     hin ein schütt en
                                         her unter schütt en
         be schumm el n        S
                                             ab schüttel n
         ab schupp en                       auf schüttel n
 sich ab schupp en                          aus schüttel n
         Ab schupp ung                    'durch schüttel n
         be schupp en                     her aus schüttel n
         be schupp t
         ge schupp t                           er schütt er n
                                              Er schütt' er ung
         an schür en                       un er schütt er lich
       Nach schur      NF
                                              be schütz en
         ab schürf en                        Be schütz er
         Ab schürf ung                       Ge schütz      NN
         auf schürf en                    Ober schütz e
                                            vor schütz en
       Erz schurk e     NM            Fern ge schütz      NN
                                        un ge schütz t
         auf schürz en
                                              ab schwäch en
         SCHUSS: siehe SCHIESS                Ab schwäch er
         Ab schuss     NM                     Ab schwäch ung
         ab schüss ig                      un ge schwäch t
         Ab schüss ig keit
         An schuss     NM        1       Ge schwad er     NN  M
         Aus schuss    NM
         Be schuss     NM        2     Nach schwad en      NP
      Durch schuss     NM
         Ein schuss    NM               Ge schwaf el      NN  S
        Nach schuss    NM  T
       UEber schuss    NM          sich ver schwäger n
        über schüss ig
       Unter schuss    NM               SCHWANG: siehe SCHWING
         Vor schuss    NM            UEber schwang     NM
          Zu schuss    NM
      be zu schuss en               UEber schwäng er ung
      Be zu schuss ung
                                          an schwänz en
         SCHUSTER: siehe SCHUH           ge schwänz t
         zu schuster n        S
                                        'über schwapp en        S
         auf schütt en
         Auf schütt ung                   an schwärm en
         aus schütt en                    aus schwärm en
         Aus schütt ung               durch'schwärm en
         be schütt en                   Nach schwarm     NM
      'durch schütt en                   um'schwärm en
         Ein schütt e                    vor schwärm en
         ein schütt en                her um schwärm en
         hin schütt en
        nach schütt en                    ab schwart en        H
       über'schütt en
         'um schütt en                    an schwärz en
         ver schütt en                   ein schwärz en
         Ver schütt ung
```

```
        ab schwatz en                          Ver schwend ung
        auf schwatz en                     Erz ver schwend er
        aus schwatz en
         be schwatz en                          SCHWENG: siehe SCHWING
         Ge schwätz        NN               über schweng lich
         Ge schwatz e         NN   S        UEber schweng lich keit
         ge schwätz ig
         Ge schwätz ig keit                     ab schwenk en
       nach schwatz en                         aus schwenk en
        vor schwatz en           S             ein schwenk en
                                               'um schwenk en
        ent schweb en                      her um schwenk en           S
        um'schweb en
        vor schweb en                          Be schwer        NN
     her ab schweb en                          Be schwer de         NF
     da hin schweb en                          be schwer en
                                          sich be schwer en
        aus schwefel n                         Be schwer er
        ein schwefel n                         be schwer lich
        ent schwefel n                         Be schwer lich keit
        Ent schwefel ung                       Be schwer nis
      unter schwef l ig                        Be schwer te
                                               Be schwer ung
         ab schweif en                         er schwer en
         Ab schweif ung                        Er schwer nis
        aus schweif en                         Er schwer ung
        Aus schweif ung                        un schwer        A
         Um schweif e       NP             un be schwer t
       weit schweif ig
       Weit schweif ig keit                 Ober schwester      NF

         an schweig en                         be schwicht ig en
   sich aus schweig en         S              Be schwicht ig ung
         ge schweig e       C
         ge schweig en                         SCHWIEG: siehe SCHWEIG
        ver schweig en                        ver schwieg en        A
        Ver schweig ung                       Ver schwieg en heit

         an schweiss en                       ver schwiem el t
        ver schweiss en
   zusammen schweiss en                        ab schwimm en
                                               an schwimm en
         ab schwell en                     'durch schwimm en
         an schwell en                     durch'schwimm en
         An schwell ung                       ein schwimm en
        auf schwell en                       fort schwimm en
      unter schwell ig                        hin schwimm en
                                             nach schwimm en
         an schwemm en                        ver schwimm en
         An schwemm ung                     zurück schwimm en
        auf schwemm en                    her an schwimm en
        Auf schwemm ung                  hin aus schwimm en
        aus schwemm en                   her über schwimm en
       fort schwemm en                   hin über schwimm en
      über'schwemm en                    her um schwimm en
      UEber schwemm ung
     auf ge schwemm t                         ent schwind en
                                              ge schwind        A
         ab schwend en                        Ge schwind ig keit
        ver schwend en                        hin schwind en
        Ver schwend er                        ver schwind en
        ver schwend er isch               da hin schwind en
```

```
     ab schwind el n                      SCHWULS: siehe SCHWELL
     an schwind el n                 Ge schwuls t        NF
     be schwind el n
sich 'durch schwind el n                  SCHWUNG: siehe SCHWING
     er schwind el n                 Ab schwung          NM
    vor schwind el n                 An schwung          NM
                                     Auf schwung         NM
     an schwing en                   Um schwung          NM
sich auf schwing en
    aus schwing en                   Ge schwür           NN
     be schwing en                   ge schwür ig
     be schwing t
     Be schwing t heit             UEber see             NF
    ein schwing en                  über see isch
     er schwing bar
     er schwing en                    be seel en
     er schwing lich                  be seel t
     Er schwing lich keit             Be seel t heit
    mit schwing en                    Be seel ung
    'um schwing en         I         ent seel t
sich her ab schwing en            un be seel t
sich hin auf schwing en
    un er schwing lich               Un seg en          NM
   her über schwing en              ein seg n en
sich hin über schwing en           Ein seg n ung
                                     ge seg n en              A
    sich be schwips en
                                     ab segel n
     ab schwirr en                   an segel n
    um'schwirr en                    An segel n
                                     Bei segel          NN
     Ge schwister      NN  T        'durch segel n
     Ge schwister      NP           durch'segel n
     Ge schwister chen              fort segel n
     ge schwister lich               hin segel n
    ver schwister n                 nach segel n
                                     um' segel n
     ab schwitz en                   Um segel ung
    aus schwitz en                   Um seg l ung
  'durch schwitz en
    ver schwitz en                   ab seh bar
                                     ab seh en
          SCHWOLL: siehe SCHWELL     An seh en          NN
     ge schwoll en     A  S         an seh en
     Ge schwoll en heit        S     An seh ung
                                    auf seh en
          SCHWOMM: siehe SCHWIMM    Auf seh en          NN
    ver schwomm en     A            Auf seh er
    Ver schwomm en heit             aus seh en
                                    Aus seh en          NN
     be schwör en                    be seh en
     Be schwör er                  'durch seh en
     Be schwör ung                  ein seh en
     Ge schwor ene                   er seh en
    ver schwör en                  Fern seh en          NN
sich ver schwör en                 fern seh en
    Ver schwör er                  Fern seh er
    Ver schwör ung                  her seh en
her auf be schwör en               hin seh en
                                   nach seh en
     ab schworr en                 Nach seh en          NN
                                   über seh bar
```

```
'über seh en                              ab seiger n
über' seh en
sich 'um seh en                           ab seih en
Ver seh en         NN                     aus seih en
ver seh en                                'durch seih en
sich ver seh en
ver seh en t lich                         ab seil en
vor seh en                                an seil en
Vor seh ung
weg seh en                                ab sein        V
Wieder seh en      NN                     auf sein       V   S
'wieder seh en                            aus sein       V   S
zu seh en                                 bei sein       V
zu seh ends        AV                     da sein        V
zurück seh en                             Da sein        NN
her ab seh en                             'durch sein    V   S
un ab seh bar                             hin sein       V   S
Ober auf seh er                           inne sein      V
Unter auf seh er                          'über sein     V
vor aus seh en                            'um sein       V   S
un be seh en       A                      zu sein        V
hin ein seh en                            zurück sein    V   S
aus er seh en                             Zusammen sein  NN
ab ge seh en       A                      her aus sein   V   S
an ge seh en       A                      hin aus sein   V
un ge seh en       A                      da bei sein    V
ent gegen seh en                          ent gegen sein V   I
her über seh en                           hinter her sein V
hin über seh en                           da hinter sein V
un über seh bar    A                      hin über sein  V   S
un über seh bar    AV                     her um sein    V   S
Un über seh bar keit                      her unter sein V   S
un ver seh ens     AV                     hin weg sein   V
hin weg seh en
un vor her ge seh en    A                 Ab seit e
                                          ab seit ig
an sehn lich                              ab seit s      AV
An sehn lich keit                         Ab seit s      NN  O
er sehn en                                ab seit s      P
sich fort sehn en                         auf seit en       AV
her sehn en        S                      Aussen seit e
zurück sehn en                            Aussen seit er
sich zurück sehn en                       Bei seit e
un an sehn lich                           bei seit s     AV  SG
Un an sehn lich keit                      Gegen seit e      NF
her bei sehn en                           gegen seit ig
                                          Gegen seit ig keit
ver sehr en                               Hinter seit e     NF
Ver sehr ter                              Innen seit e
Ver sehr t heit                           Ober seit e
un ver sehr bar                           Rück seit e
un ver sehr t                             rück seit ig
Un ver sehr t heit                        rück seit s    AV
                                          um seit ig
Ge seich e         NN  S                  um seit s      AV
                                          Unter seit e
                                          Vorder seit e
ab seif en                                zu seit en        P
ein seif en                               be seit ig en
ein seif en                               Be seit ig ung
ver seif en
Ver seif ung                              inner sekretor isch
```

```
Ober sekunda       NF              ver seng en
Ober sekunda ner                    ab senk en
Ober sekunda nerin                  Ab senk er
Unter sekunda      NF              ein senk en
Unter sekunda ner                  Ein senk ung
Unter sekunda nerin                 Ge senk       NN
                                    ver senk bar
   un sel ig                        ver senk en
   be sel ig en               sich ver senk en
   Be sel ig ung                    Ver senk ung
                                her ab senk en
   da selbst       AV  A          Ober ge senk      NN
                                 Unter ge senk      NN
   un selbst-ständ ig
   Un selbst-ständ ig keit            SESS: siehe SITZ
sich ver selbst-ständ ig en         be sess en     A
   Ver selbst-ständ ig ung          Be sess ene
                                    Be sess en heit
   Ge selch tes      NN  AU         ver sess en     A
                                    Ver sess en heit
   Ge sell e       NM  T         an ge sess en     A
sich ge sell en                  ein ge sess en     A
   ge sell ig
   Ge sell ig keit                    SETZ: siehe SITZ
   Ge sell schaft                   ab setz bar
   Ge sell schaft er      NM        ab setz en
   Ge sell schaft erin         sich ab setz en
   ge sell schaft lich              Ab setz er
  bei ge sell en                    an setz en
   un ge sell ig                   auf setz en
   Un ge sell ig keit         sich auf setz en
   Ur ge sell schaft               aus setz en
   zu ge sell en                   Aus setz ung
sich hin zu ge sell en              be setz en
  ver ge sell schaft en            Be setz ung
  Ver ge sell schaft ung          bei setz en
                                   Bei setz ung
   ab send en                  durch'setz en
   Ab send er                     'durch setz en
   Ab send ung              sich 'durch setz en
  aus send en                     ein setz en
  Aus send ung                    Ein setz ung
  ein send en                     Ent setz en      NN
  Ein send er                     ent setz en
  Ein send ung                    ent setz lich
  ent send en                     Ent setz lich keit
  Ent send ung                    Ent setz ung
 nach send en                      er setz bar
 Nach send ung                     Er setz bar keit
 Rück send ung                     er setz en
über'send en                       er setz lich
UEber send ung                     Er setz ung
   Ur send ung                   fort setz en
  ver send en                    Fort setz ung
  Ver send ung                     Ge setz       NN
weiter send en                     ge setz lich
   zu send en                      Ge setz lich keit
zurück send en                     ge setz los
Vor ein send ung                   Ge setz los ig keit
                                   ge setz t
   ab seng en                      Ge setz t heit
   an seng en
```

her setz en	S	
hin setz en		
nach setz en		
nieder setz en		
über setz bar		
über'setz en		
'über setz en		
UEber setz er		
UEber setz erin		
UEber setz ung		
um setz bar		
'um setz en		
Um setz ung		
'unter setz en		
Unter setz er		
unter setz t		
Unter setz t heit		
Unter setz ung		
ver setz en		
Ver setz ung		
vor setz en		
Vor setz er	A	
weg setz en		
sich wider'setz en		
wider setz lich		
Wider setz lich keit		
zer setz en		
sich zer setz en		
Zer setz ung		
zu setz en		
zurück setz en		
Zurück setz ung		
zusammen setz en		
Zusammen setz ung		
her ab setz en		
Her ab setz ung		
dar an setz en		
her auf setz en	S	
hin auf setz en		
hin aus setz en		
vor aus setz en		
Vor aus setz ung		
'um be setz en		
Um be setz ung		
un be setz t		
'wieder be setz en		
Wieder be setz ung		
wieder 'ein setz en		
Wieder ein setz ung		
un er setz bar		
un er setz lich		
fort ge setz t	A	
fort ge setz t	AV	
un ge setz lich		
Vor ge setz te		
ent gegen setz en		
Ent gegen setz ung		
gegen über setz en		
hin über setz en		
rück über setz en		
Rück über setz ung		
un über setz bar		

Un über setz bar keit	
zurück über setz en	
her um setz en	
dar unter setz en	
zurück ver setz en	
sich zurück ver setz en	
sich hin weg setz en	
hin zu setz en	
neben ein ander setz en	
un aus ge setz t	
vor aus ge setz t	
ent gegen ge setz t	
SEUCH: siehe SIECH	
ent seuch en	
Ent seuch ung	
ver seuch en	
Ver seuch ung	
auf seufz en	
Ge seufz e	NN
ent sicher n	
Ent sicher ung	
un sicher	A
Un sicher heit	
Ver sicher er	
ver sicher n	
Ver sicher ung	
zu sicher n	
Zu sicher ung	
Gegen ver sicher ung	
nach ver sicher n	
Nach ver sicher ung	
rück ver sicher n	
sich rück ver sicher n	
Rück ver sicher ung	
'über ver sicher n	
UEber ver sicher ung	
'unter ver sicher n	
Unter ver sicher ung	
An sich-sein	NN
SICHT: siehe SEH	
Ab sicht	NF
ab sicht lich	
ab sicht s los	
An sicht	NF
an sicht ig	
Auf sicht	NF
Aus sicht	NF
aus sicht s los	
Aus sicht s los ig keit	
aus sicht s voll	
bei sicht ig	UG
Durch sicht	NF
durch sicht ig	
Durch sicht ig keit	
Ein sicht	NF
ein sicht ig	
ein sicht s los	

```
ein sicht s voll              'durch sicker n
er sicht lich                 ein sicker n
Fern sicht       NF           ver sicker n
fern sicht ig
Fern sicht ig keit            aus sieb en
Ge sicht         NN           'durch sieb en
Hin sicht        NF           ver sieb en              S
hin sicht lich      P
Nach sicht       NF           hin siech en
nach sicht ig              da hin siech en
Nach sicht ig keit
nach sicht s voll             ein sied en
Rück sicht       NF
rück sicht lich               an siedel n
rück sicht s los          sich an siedel n
Rück sicht s los ig keit      aus siedel n
rück sicht s voll             Aus siedel ung
UEber sicht      NF           be siedel n
über sicht ig                'über siedel n
UEber sicht ig keit           UEber siedel ung
über sicht lich               'um siedel n
UEber sicht lich keit         Um siedel ung
Um sicht          NF          An sied l er
um sicht ig                   An sied l erin
un sicht bar                  An sied l ung
Un sicht bar keit             Be sied l ung
un sicht ig                   UEber sied l ung
Vor sicht         NF
vor sicht ig                  be sieg bar
Vor sicht ig keit             be sieg en
Weit sicht        NF          Be sieg er
weit sicht ig                 Be sieg te
Weit sicht ig keit            Be sieg ung
Neben ab sicht    NF          er sieg en
un ab sicht lich              ob sieg en
Rück an sicht     NF          ver sieg en
Vorder an sicht   NF          un be sieg bar
Ober auf sicht    NF          un be sieg lich
Vor aus sicht     NF          un ver sieg bar
vor aus sicht lich            un ver sieg lich
un durch sicht ig
Un durch sicht ig keit        be siegel n
An ge sicht       NN          Be siegel ung
an ge sicht s      P          ent siegel n
un nach sicht ig              Ent siegel ung
Un nach sicht ig keit      unter'siegel n
un nach sicht lich      A     ver siegel n
un über sicht lich            Ver siegel ung
Un über sicht lich keit       un ver siegel t
Zu ver sicht      NF
zu ver sicht lich             Vor signal      NN   T
Zu ver sicht lich keit
un vor sicht ig               Nach silb e           G
Un vor sicht ig keit          Vor silb e
be sicht ig en
Be sicht ig er                Ver silber er
Be sicht ig ung               ver silber n
be ab sicht ig en             Ver silber ung
be auf sicht ig en
Be auf sicht ig ung           ver simpel n
un be ab sicht ig t
                              Ge sims         NN
```

```
        Ge sind e      NN                 sich ver sipp en
        Ge sind el     NN
                                              ge sitt et
        ab sing en                            Ge sitt ung
        an sing en                            Un sitt e
        Be sing      NM  NG                   un sitt lich
        be sing en                            Un sitt lich keit
     'durch sing en                        un ge sitt et
        ein sing en                           ent sitt lich en
    sich ein sing en                          Ent sitt lich ung
        mit sing en
       nach sing en                            ab sitz en
        vor sing en                            An sitz      NM  H
        zer sing en                           auf sitz en
                                               Be sitz      NM
     'durch sink en                           be sitz en
        ein sink en                           Be sitz er
        ent sink en                           be sitz los
        hin sink en                           Be sitz los ig keit
     nieder sink en                           Be sitz tum
       'um sink en                            Be sitz ung
    'unter sink en                            Bei sitz      NM
        ver sink en                           bei sitz en
     zurück sink en                           Bei sitz er
   zusammen sink en                            da sitz en
     her ab sink en                         'durch sitz en
     da hin sink en                            er sitz en
                                               Er sitz ung
         an sinn en                         Hinter sitz      NM
         Be sinn en     NN                    nach sitz en
    sich be sinn en                         nieder sitz en
         be sinn lich                         Rück sitz      NM
         Be sinn lich keit                     ver sitz en              S
         Be sinn ung                         Voll sitz ung
         be sinn ung s los                    Vor sitz      NM
         Be sinn ung s los ig keit            vor sitz en
    sich ent sinn en                          Vor sitz ende
         er sinn en                           Vor sitz er
         er sinn lich                       Vorder sitz      NM
        Fern sinn e      NP               zusammen sitz en
         ge sinn t                          Mit be sitz      NM
         Ge sinn ung                         mit be sitz en
         ge sinn ung s los                   Mit be sitz er
         Ge sinn ung s los ig keit          Voll be sitz      NM
        Gegen sinn      NM                     da bei sitz en
 sich hinter sinn en             CH          dar in sitz en             S
       hinter sinn ig                     gegen über sitz en
        nach sinn en                         her um sitz en             S
        Neben sinn      NM                aus ein ander sitz en
        über sinn lich                    Aus ein ander sitz ung
       UEber sinn lich keit
          Un sinn      NM                      ver sklav en
          un sinn ig                           Ver sklav ung
          Un sinn ig keit
          un sinn lich                           SOFF: siehe SAUF
       Wider sinn      NM                      be soff en      A
       wider sinn ig                           Ge söff      NN  S
       Wider sinn ig keit                      ver soff en      A   S
      zurück sinn en
                                               an sohl en
        vor sint-flut lich                     be sohl en
                                               Be sohl ung
```

```
      ver sohl en       S            Be sorg nis
Zwischen sohl e                      Be sorg t heit
                                     Be sorg ung
      aus söhn en                     er sorg en          CH
      Aus söhn ung                   Für sorg e
      ver söhn en                    Für sorg er
sich ver söhn en                     Für sorg erin
      ver söhn lich                  für sorg er isch
      Ver söhn lich keit             für sorg lich
      Ver söhn ung                   Für sorg lich keit
   un ver söhn lich                   Ob sorg e
   Un ver söhn lich keit              um' sorg en
                                      ver sorg en
      Vor sokrat iker                Ver sorg er
                                     Ver sorg ung
      be sold en                     Vor sorg e
      Be sold ung                    vor sorg en
                                     vor sorg lich
      un soldat isch            sich zer sorg en
                                   un be sorg t
      un solid       A              un ver sorg t

      hin soll en       S            aus sort ier en
      mit soll en       S
 hin aus soll en       S             Ge sott enes         NN
 hin ein soll en       S             ver sott en
                                     Ver sott ung
      be sömmer n
      Be sömmer ung                  un soz ial
 Nach sommer       NM
  Vor sommer       NM                ver spaak t          NG

      ab sonder lich                 Ur spach e
      Ab sonder lich keit
      ab sonder n                    ver spachtel n
      Ab sonder ung
      aus sonder n                   aus späh en
      Aus sonder ung                  er späh en
      Be sonder heit                nach späh en
      be sonder s      AV        her aus späh en
      in sonder heit     AV   A   hin aus späh en
 ins be sonder e      AV         her ein späh en
      ab ge sonder t             hin ein späh en
                                  um 'her späh en
         SONN: siehe SINN         her um späh en          S
      be sonn en
      be sonn en       A             ab spalt en
      Be sonn en heit               auf spalt en
      ge sonn en       A            Auf spalt ung
      ver sonn en       A           zer spalt en
      Ver sonn en heit
   un be sonn en       A        1    ab spän en
   Un be sonn en heit           1    zer span en
                                1    Zer span ung
 Neben sonne       NF
                                2    ab spän en
      an sonst en       AV   UG
      um sonst       AV           3       SPAN: siehe SPANN
                                3    Ge span       NM   A
      be sorg en
      Be sorg er                     ab spann en
      be sorg lich                   Ab spann ung
```

```
an spann en
An spann ung
auf spann en
Aus spann        NM
aus spann en
aus spann en
Aus spann ung
be spann en
Be spann ung
ein spann en
ent spann en
sich ent spann en
Ent spann ung
Ge spann        NN
ge spann t
Ge spann t heit
Nieder spann ung
über'spann en
über spann t
UEber spann t heit
UEber spann ung
UEber spann ung
um'spann en
'um spann en
Um spann er
ver spann en
Ver spann ung
Voll spann er
Vor spann        NM
vor spann en
zusammen spann en
ab ge spann t
Ab ge spann t heit
an ge spann t

ab spar en
auf spar en
aus spar en
Aus spar ung
ein spar en
Ein spar ung
er spar en
Er spar nis        NF
Er spar ung
ver spar en
zusammen spar en

Ge sparr        NN

ge spass ig

sich ver spät en
Ver spät ung

her um spazier en        S

an spei en
aus spei en
be spei en

ein speichel n
```

```
auf speicher n

an speil er n

ab speis en
ver speis en
Vor speis e
Zu speis e

ver spekul ier en
sich ver spekul ier en

SPELL: siehe SPALT
zer spell en

ab spenst ig
Ge spenst        NN
ge spenst ig
wider spenst ig
Wider spenst ig keit
ge spenst er haft
ge spenst er n

ab sperr en
Ab sperr ung
auf sperr en
aus sperr en
Aus sperr ung
ein sperr en
Ge sperr        NN
ver sperr en
zu sperr en        S
zusammen sperr en

ab spiegel n
be spiegel n
Be spiegel ung
Rück spiegel        NM
vor spiegel n
Vor spiegel ung
'wider spiegel n
Wider spiegel ung

ab spiel en
sich ab spiel en
an spiel en
An spiel ung
auf spiel en
sich auf spiel en
aus spiel en
Aus spiel ung
be spiel en
Bei spiel        NN
bei spiel haft
bei spiel los
'durch spiel en
ein spiel en
sich ein spiel en
Ge spiel e        NM
Ge spiel in
Gegen spiel er
mit spiel en
```

Mit spiel er		
Nach spiel	NN	
Über'spiel en		
um'spiel en		
ver spiel en		
Vor spiel	NN	
vor spiel en		
Wider spiel	NN	
zu spiel en		
zurück spiel en		
Zusammen spiel	NN	
Zwischen spiel	NN	
ab ge spiel t		
hin über spiel en		
her um spiel en		
her unter spiel en		S

auf spiess en

ab spinn en
an spinn en
sich an spinn en
aus spinn en
ein spinn en
sich ein spinn en
sich ent spinn en
über'spinn en
um'spinn en
ver spinn en
vor spinn en

Ge spinst   NN

Gegen spion age   NF
aus spion ier en

an spitz en
über'spitz en
UEber spitz ung
zu spitz en
sich zu spitz en
Zu spitz ung
be spitz el n
Be spitz el ung

Erz spitz-bub e   NM

ver splint en

ab splitt er n
zer splitt er n
Zer splitt er ung

Ge spons   NN P

An sporn   NM
an sporn en

un sport lich

Ge spött   NN
ver spott en

Ver spott ung
be spött el n

SPRACH: siehe SPRECH
Ab sprach e
An sprach e
Aus sprach e
Für sprach e
Ge spräch   NN
ge spräch ig
Ge spräch ig keit
Rück sprach e
Fern ge spräch   NN

ab sprech en
ab sprech end
ab sprech er isch
an sprech en
an sprech end
aus sprech bar
aus sprech en
sich aus sprech en
be sprech en
Be sprech er
Be sprech ung
'durch sprech en
ein sprech en
ent sprech en
ent sprech end
Ent sprech ung
fern sprech en
Fern sprech er
Für sprech er
los sprech en
mit sprech en
nach sprech en
ver sprech en

Ver sprech en		NN
sich ver sprech en		
Ver sprech ung		
vor sprech en		
wider'sprech en		
zu sprech en		
Zu sprech ung		
un aus sprech bar		
un aus sprech lich		
Vor be sprech ung		
sich her um sprech en		S

ab spreiz en
aus spreiz en
ge spreiz t
Ge spreiz t heit

ab spreng en
an spreng en
auf spreng en
aus spreng en
be spreng en
Be spreng ung
ein spreng en
fort spreng en

```
        Ge spreng e      NN                Ein spritz ung
       los spreng en                       ver spritz en
      nach spreng en                   her aus spritz en
       ver spreng en                   hin ein spritz en
       zer spreng en                   her um spritz en
   her an spreng en
  her aus spreng en                            SPROCH: siehe SPRECH
  her ein spreng en                    aus ge sproch en      A
                                       un wider sproch en    A
        be sprenk el n
        ge sprenk el t                        SPROSS: siehe SPRIESS
                                           auf spross en
       auf spriess en                      ent spross en     A
       ent spriess en
        er spriess en                         SPRUCH: siehe SPRECH
        er spriess lich                   An spruch     NM
    un er spriess lich                     an spruch s los
   her vor spriess en                      An spruch s los ig keit
                                           an spruch s voll
        ab spring en                      Aus spruch     NM
        an spring en                      Ein spruch     NM
       auf spring en                     Fern spruch     NM
       aus spring en                      Vor spruch     NM
        be spring en                    Wider spruch     NM
       bei spring en                    wider sprüch lich
    'durch spring en                    wider spruch s los
       ein spring en                    wider spruch s voll
       ent spring en                       Zu spruch     NM
      fort spring en                    be an spruch en
       her spring en      S             Be an spruch ung
       los spring en
      nach spring en                       auf sprudel n
    'über spring en                      'über sprudel n
    über'spring en                    her aus sprudel n
      'um spring en                    her vor sprudel n
       vor spring en
       zer spring en                      aus sprüh en
        zu spring en                      ver sprüh en
    zurück spring en
    her ab spring en                            SPRUNG: siehe SPRING
   her auf spring en                        Ab sprung     NM
   hin auf spring en                       Ein sprung     NM
   her aus spring en                      Rück sprung     NM
   hin aus spring en                        Ur sprung     NM
   her bei spring en                        ur sprüng lich
   her ein spring en                        Ur sprüng lich keit
   hin ein spring en                        ur sprung s    AV
  her über spring en                       Vor sprung     NM
  hin über spring en                      Weit sprung     NM
   her um spring en
 her unter spring en                        an spuck en
 hin unter spring en                       aus spuck en
  her vor spring en                         be spuck en
                                        her aus spuck en
        ab spritz en                    hin ein spuck en
        an spritz en
       auf spritz en         1              ab spül en
       aus spritz en         1              an spül en
       Aus spritz ung        1              An spül ung
        be spritz en         1             aus spül en
        Be spritz ung        1             Aus spül ung
       ein spritz en         1              be spül en
```

```
1    'durch spül en              Ge stalt los ig keit
1     nach spül en               Ge stalt ung
1     über'spül en               ver an stalt en
1     UEber spül ung             Ver an stalt er
1     um'spül en                 Ver an stalt ung
1     unter'spül en              aus ge stalt en
1     weg spül en                Aus ge stalt ung
                                 Miss ge stalt    NF
2     ab spul en                 miss ge stalt et
2     auf spul en                'um ge stalt en
2     'um spul en                Um ge stalt ung
                                 Un ge stalt    NF A
      auf spünd en               un ge stalt    A
      ver spund en               un ge stalt et
      zu spund en                Ur ge stalt    NF
                                 ver un stalt en
      auf spür en                Ver un stalt ung
   'durch spür en
      nach spür en               Ab stamm    NM A
      ver spür en                ab stamm en
      Voll spur    NF T          Ab stämm ling         A
      voll spur ig        T      Ab stamm ung
      Vor spur    NF             ent stamm en
     weit spur ig                Ge stämm e    NN
                                 her stamm en
      inner staat lich           an ge stamm t
      über staat lich
      ent staat lich en          Ge stamm el    NN
      Ent staat lich ung
      ver staat lich en          auf stampf en
      Ver staat lich ung         ein stampf en
                                 Ge stampf e    NN S
       an stachel n              nieder stampf en
       auf stachel n             zer stampf en

       Ge stad e    NN               STAND: siehe STEH
                                 Ab stand    NM
   Innen stadt   NF              ab ständ ig
      Vor stadt    NF            An stand    NM
      vor städt isch             an ständ ig
      ver städt er n             An ständ ig keit
      Ver städt er ung           an stand s los
                                 Auf stand    NM
       aus staff ier en          auf ständ isch
       Aus staff ier ung         Aus stand    NM
    her aus staff ier en         aus ständ ig
                                 Aus ständ ig e
       ver stühl en              Aus ständ ler
       Ver stühl ung             Aussen ständ e    NP
                                 ausser stand e    AV
         STALL: siehe STELL      Be stand    NM
       be stall en               be stand en    A
       Be stall ung              be ständ ig
                                 Be ständ ig keit
       An stalt   NF             Bei stand    NM
       Ge stalt   NF             bei ständ ig        A
       ge stalt en               Ein stand    NM
    sich ge stalt en             Ge ständ e    NN
       Ge stalt er               ge ständ ig
       Ge stalt erin             Ge ständ nis
       ge stalt er isch          Gegen stand    NM
       ge stalt los              gegen ständ ig        T
```

```
gegen  ständ lich              un  ver  ständ ig
Gegen  ständ lich keit         Un  ver  ständ ig keit
gegen  stand s los             un  ver  ständ lich
Gegen  stand s los ig keit     Un  ver  ständ lich keit
    im stand e      AV         Un  ver  ständ nis
    in ständ ig                un voll  ständ ig
    In ständ ig keit           Un voll  ständ ig keit
  Miss stand      NM         Neben wider stand      NM  T
  ober ständ ig                un  zu  ständ ig
  Rück stand      NM           Un  zu  ständ ig keit
  rück ständ ig                Ur  zu  stand      NM
  Rück ständ ig keit           un be an  stand et
 UEber ständ er             un miss ver  ständ lich
  über ständ ig                    ver  ständ ig en
    Um stand      NM          sich ver  ständ ig en
    um ständ lich                  Ver  ständ ig ung
    Um ständ lich keit            ver voll ständ ig en
    un ständ ig                   Ver voll ständ ig ung
 Unter stand      NM
 unter ständ ig                    Ge  stäng e      NN
    Ur ständ      NF  A
    Ur stand      NM  A             STANK: siehe STINK
    ur ständ lich      A          Ge  stank      NN
   Ver stand      NM             ver  stänk er n
   ver ständ ig
   Ver ständ ig keit             aus  stanz en
   ver ständ lich
   Ver ständ lich keit           auf  stapel n
   Ver ständ nis
   ver ständ nis los              be  stärk en
   Ver ständ nis los ig keit      Be  stärk ung
   ver ständ nis voll             er  stark en
  voll ständ ig                   Er  stark ung
  Voll ständ ig keit             ver  stärk en
   Vor stand      NM        sich ver  stärk en
 Wider stand      NM             Ver  stärk er
 wider stand s los               Ver  stärk ung
 Wider stand s los ig keit  Zwischen ver stärk er
    Zu stand      NM
    zu stand e      AV            an  starr en
    zu ständ ig                   er  starr en
    Zu ständ ig keit              Er  starr ung
    zu ständ lich
 be an stand en                  Un  stät e      P
 Be an stand ung                 be  stät ig en
 un an ständ ig                  Be  stät ig ung
 Un an ständ ig keit          un be  stät ig t
Fort be stand      NM
   un be ständ ig      1          ab  statt en        1
   Un be ständ ig keit  1         an  statt      P    1
   ab ge stand en  A   1         aus  statt en        1
   Ein ge ständ nis    1         Aus  statt ung       1
   zu ge stand en  A   1          be  statt en        1
   Zu ge stand nis     1          Be  statt er        1
 Neben um stand      NM          Be  statt ung        1
   ein ver stand en      AV       er  statt en        1
   ein ver ständ lich      AU     Er  statt ung        1
   Ein ver ständ nis              ge  statt en        1
  miss ver ständ lich             un  statt haft       1
  Miss ver ständ nis             ver  statt en      A  1
    Un ver stand      NM         von  statt en      AV 1
    un ver stand en      A        zu  statt en      AV 1
```

1	Innen aus statt ung
1	Nach be statt ung
1	rück er statt en
1	Rück er statt ung
1	'wieder er statt en
1	Wieder er statt ung
1	zurück er statt en
1	Zurück er statt ung

```
              ein stech en
              er stech en
          nieder stech en
            'um stech en
            um'stech en
             zer stech en
           un be stech lich
           Un be stech lich keit
          hin ein stech en
          her vor stech en
```

2	Be stätt er
2	Be stätt er ei
2	Be stätt er er SG

```
          ab steck en
          an steck en
          an steck end
          An steck ung
          auf steck en
          Be steck      NN
          be steck en
          bei steck en
        'durch steck en
          ein steck en
          'um steck en
        'unter steck en        S
          Ver steck      NN
          ver steck en
          vor steck en
          weg steck en
           zu steck en
        zurück steck en
      zusammen steck en
        her aus steck en
        her ein steck en
        hin ein steck en
       da hinter steck en        S
```

```
        an stau en
        An stau ung
        Auf stau      NM
        auf stau en
        Rück stau      NM
         ver stau en
```

```
        ab staub en
        an staub en
       aus staub en
        be staub en
        be stäub en
        Be stäub ung
       ein staub en
       ein stäub en
       ent staub en
       Ent staub er
       Ent staub ung
       ver stäub en
       ver staub en
       zer stäub en
       Zer stäub er
       Zer stäub ung
```

```
       ver stauch en
       Ver stauch ung
   zusammen stauch en        S
```

```
      sich be staud en
           Be staud ung
```

```
        an staun en
        er staun en
        Er staun en      NN
        er staun lich
```

```
        ab stech en
        Ab stech er
        an stech en
        auf stech en
        aus stech en
        be stech en
        be stech lich
        Be stech lich keit
        Be stech ung
      'durch stech en
      durch'stech en
      Durch stech erei
      Durch stech ung
```

```
              Be sted er      LG

              Be steg      NM T

              ab steh en
              an steh en
              an steh end
             auf steh en
             aus steh en
          Aussen steh ende
              be steh en
              Be steh endes
             Bei steh en
              da steh en
           'durch steh en
             ein steh en
             ent steh en
             Ent steh ung
              er steh en
            fern steh en
              ge steh en
            nach steh en
            neben steh end
            'über steh en
            über'steh en
              um'steh en
              um steh end      A
```

'unter steh en		
unter'steh en		
sich unter'steh en		
sich ver steh en		
ver steh en		
ver steh en	S	
vor steh en		
Vor steh er		
Vor steh erin		
wider'steh en		
zu steh en		
zurück steh en		
zusammen steh en		
her aus steh en		
un aus steh lich		
Un aus steh lich keit		
fort be steh en		
weiter be steh en		
da bei steh en		
auf er steh en		
Auf er steh ung		
'wieder er steh en		
da für steh en		
ein ge steh en	A	
zu ge steh en		
ent gegen steh en		
da hin steh en		
dar in steh en	S	
dar über steh en		
gegen über steh en		
her um steh en	S	
miss ver steh en		
be vor steh en		
da vor steh en		
her vor steh en		
un wider steh lich		
Un wider steh lich keit		

be stehl en	
sich fort stehl en	
sich weg stehl en	
sich hin aus stehl en	
sich her ein stehl en	
sich hin ein stehl en	

| be steif en |
| ab steif en |
| aus steif en |
| Aus steif ung |
| ver steif en |
| sich ver steif en |
| Ver steif ung |

| ab steig en |
| an steig en |
| auf steig en |
| Auf steig ung |
| aus steig en |
| be steig en |
| Be steig ung |
| 'durch steig en |
| ein steig en |
| ent steig en |

er steig bar		
er steig en		
Er steig er		
Er steig ung		
nach steig en		
nieder steig en		
Ober steig er		T
über'steig en		
'um steig en		
sich ver steig en		
her ab steig en		
hin ab steig en		
her auf steig en		
hin auf steig en		
her aus steig en		
hin aus steig en		
her ein steig en		
hin ein steig en		
her über steig en		
hin über steig en		
un über steig bar		
un über steig lich		
her um steig en		S
her unter steig en		
hin unter steig en		
über'steig er n		
UEber steig er ung		
Ver steig er er		
ver steig er n		
Ver steig er ung		
sich hin ein steig er n		

aus stein en	
ent stein en	
Ge stein	NN
Neben ge stein	NN
Ur ge stein	NN
ver stein er n	
Ver stein er ung	

ent steiss en	S

ab stell en	
an stell en	
sich an stell en	
An stell erei	
an stell ig	
An stell ig keit	
An stell ung	
auf stell en	
sich auf stell en	
Auf stell ung	
aus stell en	
Aus stell er	
Aus stell ung	
be stell en	
Be stell er	
Be stell ung	
dar stell bar	
dar stell en	
Dar stell er	
Dar stell erin	

```
        dar stell er isch                  Ent gegen stell ung
        Dar stell ung                      wieder 'her stell en
      'durch stell en          S           Wieder her stell ung
        ein stell bar                       da hin stell en
        ein stell en                     gegen über stell en
        Ein stell ung                    Gegen über stell ung
        ent stell en                       her über stell en
        Ent stell ung                      hin über stell en
         er stell en                        her um stell en
         Er stell ung                       da vor stell en
       fort stell en                        un vor stell bar
         Ge stell       NN            gegen ein ander stell en
         Ge stell ung                 neben ein ander stell en
        her stell en
        Her stell er                           an stemm en
        Her stell ung                          auf stemm en
        hin stell en                           ein stemm en
       nach stell en
       Nach stell ung                          ab stempel n
      Neben stell e                          über'stempel n
       Rück stell ung                       un ge stempel t
      über'stell en
        um'stell en                     nach stenograph ier en
        'um stell en
        Um stell ung                           ab stepp en
      'unter stell en                         ver stepp en
      unter'stell en                          Ver stepp ung
      Unter stell ung
        ver stell bar                          ab sterb en
        Ver stell bar keit                    aus sterb en
        ver stell en                           er sterb en
   sich ver stell en                          hin sterb en
        Ver stell ung                          un sterb lich
        vor stell bar                          Un sterb lich keit
        vor stell en                          ver sterb en
        vor stell ig                          weg sterb en
        Vor stell ung
         zu stell en                           be stern t
         Zu stell er                           Un stern        NM
         Zu stell ung
     zurück stell en                           un stet        A
     Zurück stell ung                          un stet ig                A
   zusammen stell en                           Un stet ig keit
   Zusammen stell ung
        vor an stell en                        an steuer n
        her aus stell en                      Aus steuer          NF
   sich her aus stell en                      aus steuer n
        hin aus stell en                      Aus steuer ung
         ab be stell en                        be steuer bar
         Ab be stell ung       S               be steuer n
        her be stell en        S               Be steuer ung
        hin be stell en        S              Bei steuer          NF
       nach be stell en                       bei steuer n
       Nach be stell ung                      fern steuer n
        vor be stell en                        hin steuer n
        Vor be stell ung                       los steuer n
        her ein stell en                      Nach steuer          NF
        hin ein stell en                      über'steuer n
         An ge stell te                       UEber steuer ung
     Hinter ge stell      NN                   ver steuer n
      Unter ge stell      NN                   Ver steuer ung
        ent gegen stell en                     zu steuer n
```

```
        fern ge steuer t                    nieder stimm en
        un ver steuer t                      Ober stimm e
                                            Über'stimm en
     Vorder steven      NM   N              'um stimm en
                                             Um stimm ung
             STICH: siehe STECH             un stimm ig
        Ab stich       NM                   Un stimm ig keit
        An stich       NM                  ver stimm en
        Aus stich      NM                  Ver stimm ung
      Durch stich      NM                   zu stimm en
                                            Zu stimm ung
          be stick en               zusammen stimm en          T
          Be stick ung              Zusammen stimm ung          T
         ein stick en                  Ur ab stimm ung
          er stick en                 mit be stimm en
          Er stick ung                Mit be stimm ung
                                         un be stimm bar
         auf stieb en                   un be stimm t
         zer stieb en                   Un be stimm t heit
 aus ein ander stieb en              über 'ein stimm en
                                     UEber ein stimm ung
          ge stiefel t                 miss ge stimm t
                                     vor aus be stimm en
             STIEG: siehe STEIG      Vor aus be stimm ung
        Ab stieg      NM              vor her be stimm en
        An stieg      NM              Vor her be stimm ung
        Auf stieg     NM
        Aus stieg     NM                 an stink en            S
        Ein stieg     NM
        ver stieg en        A            be stirn t
        Ver stieg en heit                Ge stirn        NN
                                         ge stirn t
          be stiel en
         ent stiel en                   auf stöber n
          ge stiel t                 durch'stöber n
                                         Ge stöber       NN
         an stier en                  her um stöber n          S

         an stift en                    aus stoch er n
         An stift er                  her um stoch er n          S
         An stift ung
                                        auf stock en
         ab still en               sich be stock en
         un still bar                   Be stock ung
      un ge still t                     ge stock t              UG
                                         Ober stock     NM
         ab stimm en                    Unter stock     NM
         Ab stimm ung                   ver stock t
         an stimm en                    Ver stock t heit
         be stimm bar                   voll stock        A V
         be stimm en                 Zwischen stock     NM
         be stimm t
         Be stimm t heit                 Ur stoff        NM
         Be stimm ung
        bei stimm en                    be stohl en        A
        Bei stimm ung                   Be stohl ene
        ein stimm en                   ver stohl en        A
   sich ein stimm en
         Ein stimm ig keit              auf stöhn en
      Gegen stimm e        T
      gegen stimm ig       T        ein her stolz ier en
       Miss stimm ung
```

```
      an  stopf  en                     Vor   stoss          NM
      aus stopf  en                     vor   stoss  en
      Aus stopf  ung                    weg   stoss  en
      ein stopf  en                     Wider stoss          NM
      ver stopf  en                     zer   stoss  en
      Ver stopf  ung                    zu    stoss  en
     'voll stopf en                     zurück stoss en
      zu  stopf  en                     Zusammen stoss       NM
  hin ein stopf en                      zusammen stoss en
                                         her ab  stoss  en
      ab  stopp  en                      her aus stoss  en
                                         hin aus stoss  en
      ab  stopp  el n                    her ein stoss  en
  zusammen stopp el n          S         hin ein stoss  en
                                         Aus ge  stoss  ene
      auf stöps el n                     her um  stoss  en
      zu  stöps el n                      un um  stöss  lich
                                    her unter stoss  en
      auf stör  en                  hin unter stoss  en
      ent stör  en                   her vor  stoss  en
      Ent stör  ung                an ein ander stoss en
      Ge  stör          NN         auf ein ander stoss en
      ver stör  en
      Ver stör  t heit                   ab  stott er n          S
      zer stör  bar                      Ge  stott er     NN
      zer stör  en
      Zer stör  er                       ab  straf  en
      Zer stör  ung                      Ab  straf  ung
   un ge  stör  t                        be  straf  en
   un zer stör  bar                      Be  straf  ung
   Un zer stör  bar keit                 Neben straf  e          L
                                          un  sträf  lich
          STORB: siehe STERB             Vor straf  e
      ab ge  storb en      A             vor be  straf  t
      aus ge storb en      A              un ge  straf  t

      Ab  stoss          NM              aus strahl en
      ab  stoss  en                      Aus strahl ung
      ab  stoss  end                     be  strahl en
      An  stoss          NM              Be  strahl ung
      an  stoss  en                     'durch strahl en
      An  stöss  er                      durch'strahl en
      an  stöss  ig                      ein strahl en
      An  stöss  ig keit                 Ein strahl ung
      auf stoss  en                      Rück strahl er
  sich auf stoss  en                     Rück strahl ung
      Aus stoss          NM              über'strahl en
      aus stoss  en                      um'strahl en
      be  stoss  en                     'wider strahl en
      Be  stoss  ung                     zer strahl en
   Durch stoss          NM               Zer strahl ung
  'durch stoss  en                       zurück strahl en
   durch'stoss  en                       Zurück strahl ung
  sich 'durch stoss en
      ein stoss  en                      Ge  strampel     NN  S
      fort stoss  en
   Gegen stoss          NM               ab  sträng en
   nieder stoss en                       an  sträng en
   Rück stoss          NM  T
    'um stoss  en                        ab  strapaz ier en         S
    Ver stoss          NM
    ver stoss  en                        Fern strasse     NF
```

Neben strasse	NF		ab streif en		
			an streif en		
Ge sträuch	NN		auf streif en		
			durch' streif en		
ab streb en			ge streif t		
an streb en			'über streif en		
auf streb en			zurück streif en		
be streb en			um 'her streif en		
Be streb en	NN				
Be streb ung			be streik en		
er streb en					
hin streb en			ab streit en		
nach streb en			be streit bar		
ver streb en			be streit en		
Ver streb ung			Be streit ung		
Wider streb en	NN		er streit en		
wider'streb en			Mit streit er		
zu streb en			un streit ig		
Gegen be streb ung			Wider streit	NM	
			wider'streit en		
aus streck en			un be streit bar		
dar streck en			sich her um streit en		S
sich er streck en					
Er streck ung			an streng en		
hin streck en			an streng end		
Neben streck e	T		An streng ung		
nieder streck en			ge streng	A	A
sich nieder streck en			über 'an streng en		
voll streck bar			UEber an streng ung		
Voll streck bar keit					
voll'streck en			auf streu en		
Voll streck er			aus streu en		
Voll streck ung			Aus streu ung		
vor streck en			be streu en		
her aus streck en			ein streu en		
hin aus streck en			Ge streu	NN	
her ein streck en			über'streu en		
ent gegen streck en			'unter streu en		
her über streck en			ver streu en		
hin über streck en			zer streu en		
her vor streck en			zer streu t		
			Zer streu t heit		
Ab streich	NM		Zer streu ung		
ab streich en			her um streu en		S
Ab streich er					
an streich en			her um streun en		S
An streich er					
auf streich en			STRICH: siehe STREICH		
aus streich en			Ab strich	NM	
be streich en			An strich	NM	
Be streich ung			Auf strich	NM	
'durch streich en			Aus strich	NM	
ein streich en			Bei strich	NM	
über'streich en			Ein strich e	NP	T
unter'streich en			ein ge strich en	A	
Unter streich ung			ge strich el t		
ver streich en					
weg streich en			an strick en		
zurück streich en			be strick en		
her aus streich en			Ge strick	NN	
her um streich en			um'strick en		
			ver strick en		

```
        Ver strick ung                        Fern student      N M

            STRITT: siehe STREIT                ab stuf en
        um stritt en       A                    Ab stuf ung
     un be stritt en       A                    ein stuf en
     un um stritt en       A                    Ein stuf ung
                                                Ober stuf e
        ab ström en                            Unter stuf e
        an ström en                              Vor stuf e
        aus ström en                        Zwischen stuf e
        Aus ström ung
     'durch ström en                            be stuhl en
     durch'ström en                             Be stuhl ung
        ein ström en                            Ge stühl        N N
        Ein ström ung
        ent ström en                            auf stülp en
     Gegen strom       N M                      aus stülp en
     gegen ström ig                             Aus stülp ung
     Gegen ström ung                            ein stülp en
        hin ström en                            'um stülp en
       Rück strom       N M                      vor stülp en
     'Über ström en
     Unter ström ung                         un ge stüm        A
        Zu strom        N M
        zu ström en                             STUM: siehe STUMM
     zurück ström en                         Un ge stüm       N N
   zusammen ström en
     her ab ström en                            ver stumm en
    her aus ström en                            ver stümm el n
    hin aus ström en                            Ver stümm el ung
    her bei ström en
    her ein ström en                            STUMP ER: siehe STUMPF
    hin ein ström en                            Ge stümp er     N N   S

     Gegen strophe      N F                      ab stumpf en
                                                ab ge stumpf t
     UEber strumpf      N M                      Ab ge stumpf t heit

        Ge strüpp        N N                  UEber stund e       N F
                                           Zwischen stund e
        Ge stüb e        N N
        Ge stüb er       N N   H              STUNK: siehe STINK
       Ober stüb chen                           er stunk en      A   S

        be stück en                             An sturm        N M
        Be stück ung                            an stürm en
     Gegen stück        N N                  Aussen stürm er
        Ur stück        N N   A                 be stürm en
     Vorder stück       N N                     Be stürm ung
   zusammen stück en                         durch'stürm en
   Zwischen stück       N N                  'durch stürm en
        an stück el n                           ein stürm en
       zer stück el n                            er stürm en
       Zer stück el ung                          Er stürm ung
   zusammen stück el n                         fort stürm en
                                                Ge stürm        N N   CH
       Fern stud ium      N N                   los stürm en
        Vor stud ie       N F                    vor stürm en
        ein stud ier en                          zu stürm en
        Ein stud ier ung                    hin aus stürm en
                                            her ein stürm en
            STUDENT: siehe STUD             hin ein stürm en
```

```
        Ab sturz      NM              Ge such      NN
        ab stürz en                   ge such t
        be stürz en                   Ge such t heit
        Be stürz t heit               nach such en
        Be stürz ung                  Nach such ung
        Ein sturz      NM             Unter such      NM   CH
        ein stürz en                  unter' such en
        fort stürz en                 Unter such ung
        hin stürz en                  Ver such      NM
        los stürz en                  ver such en
        nach stürz en                 Ver such er
        über' stürz en                Ver such ung
   sich über' stürz en                zusammen such en
        UEber stürz ung          wieder 'auf such en
        Um sturz      NM              her aus such en
        'um stürz en                  Gegen be such      NM
        Um stürz ler                  aus ge such t
        um stürz ler isch        Vor unter such ung
        zu stürz en                   un ver such t
        zurück stürz en               her vor such en
   Zusammen sturz      NM
   zusammen stürz en                      SUD: siehe SIED
   her ab stürz en                   Ab sud      NM
   hin ab stürz en
   her auf stürz en                  be sud el n
   hin auf stürz en                  Ge sud el      NN   S
   her aus stürz en
   hin aus stürz en                      SUHN: siehe SOHN
sich hin aus stürz en                ent sühn en
   her bei stürz en                  Ent sühn ung
   her ein stürz en
   hin ein stürz en                  Ge summ      NN
sich hin ein stürz en                Ge summ e      NN   S
   ent gegen stürz en
   her unter stürz en                Un summe      NF
   hin unter stürz en
sich hin unter stürz en              ent sumpf en
   her vor stürz en                  Ent sumpf ung
                                     ver sumpf en
        Ge stüt      NN              Ver sumpf ung

   1    auf stutz en                 ver sums en              S
   1    zu stutz en
                                     ge sund      A
   2    ab stütz en                  Ge sund e
   2    auf stütz en                 ge sund en
   2    unter' stütz en              Ge sund er
   2    Unter stütz ung              Ge sund heit
                                     ge sund heit lich
        ab such en                   Ge sund ung
        An such en      NN       un ge sund      A
        an such en
        An such er      C            ent sünd ig en
        auf such en             sich ver sünd ig en
        aus such en                  Ver sünd ig ung
        Be such      NM
        be such en                       SUNK: siehe SINK
        Be such er                   ver sunk en      A
        durch' such en               Ver sunk en heit
        Durch such ung
        er such en                   Ge surr e      NN   S
        Er such en      NN
```

über süss   A
  ver süss en

    un symmetr isch

  un sympath isch

    un systemat isch

    un tadel haft
    Un tadel haft ig keit
    un tadel ig
    Un tadel ig keit

    aus täfel n
      Ge täfel   NN

    be tag t
    Be tag t heit
    ver tag en
    Ver tag ung
    Vor tag   NM
    zu tag e   AV

Unter taille   NF

    ab takel n
    Ab takel ung
    auf takel n
    be takel n
    Be takel ung
ab ge takel t
auf ge takel t

    Auf takt   NM T

    un talent ier t

      TAN: siehe TU
unter tan   A
Unter tan   NM
unter tän ig
Unter tän ig keit
ab ge tan
an ge tan
un ge tan   A
zu ge tan

      Ge tänd el   NN
      ver tänd el n

'voll tank en

    ab tanz en
    an tanz en
'durch tanz en
durch'tanz en
  ein tanz en
  Ein tänz er
  Ein tänz erin
  mit tanz en
  vor tanz en

      Vor tänz er
her um tanz en
her um tänz el n

    aus tapez ier en

      er tapp en
um 'her tapp en
her um tapp en

    aus tar ier en

    Innen tasche   NF

    Ober tasse   NF
  Unter tasse   NF

    ab tast en
    an tast en
    be tast en
    er tast en
    Ober tast e
    Rück tast e
  Unter tast e
    un an tast bar
    Un an tast bar keit
um 'her tast en
her um tast en
un an ge tast et

      TAT: siehe TU
    Mit tät er
    Mit tät er schaft
    Un tat   NF
    Un tät chen   S
    un tät ig
    Un tät ig keit
    Zu tat   NF
    be tät ig en
sich be tät ig en
    Be tät ig ung

1   be tau en

2   ab tau en
2   auf tau en

3   ver täu en   N
3   Ver täu ung   N

    be täub en
    Be täub ung
    er taub en
    Er taub ung
  über'täub en
  UEber täub ung
    ver taub en   T
    Ver taub ung   T

    auf tauch en
    ein tauch en
'unter tauch en

```
wieder 'auf tauch en                    Un teil bar keit
   her vor tauch en              Unter teil        NN
                                 unter'teil en
      'um tauf en                Unter teil ung
   Wieder tauf e                    Ur teil        NN
   Wieder täuf er                   ur teil en
                                    ur teil s los
      un taug lich              ver teil en
      Un taug lich keit         Ver teil er
                                Ver teil ung
   zurück taumel n              Vor teil        NM
                                vor teil haft
      Aus tausch      NM        Vorder teil     NM
      aus tausch en             zer teil en
      Aus tausch er             Zer teil ung
      Ein tausch      NM           zu teil        AV
      ein tausch en                zu teil en
      ent täusch en                Zu teil ung
      Ent täusch ung        Unter ab teil ung
       Um tausch      NM     Unter ein teil ung
      'um tausch en             zu er teil en
      ver tausch bar         un ge teil t
      ver tausch en          ab ur teil en
      Ver tausch ung         Ab ur teil ung
      vor täusch en          be ur teil en
      Vor täusch ung         Be ur teil ung
  hin weg täusch en          ver ur teil en
                             Ver ur teil ung
      ent teer en            Vor ur teil        NN
      Ent teer ung           vor ur teil s los
                             Vor ur teil s los ig keit
      ver teid ig en     Zwischen ur teil        NN   L
      Ver teid ig er         be vor teil en
      Ver teid ig ung        Be vor teil ung
                           Über 'vor teil en
      an teig en           UEber vor teil ung
      Vor teig    NM         un vor teil haft
                         Vor aus ab teil ung
      Ab teil     NN          be teil ig en
      ab teil en         sich be teil ig en
      Ab teil ung            Be teil ig ter
      An teil     NM         Be teil ig ung
      an teil ig          un be teil ig t
      auf teil en         be nach teil ig en
      Auf teil ung        Be nach teil ig ung
      aus teil en
      Aus teil ung            ab telegraph ier en
      ein teil en         zurück telegraph ier en
      Ein teil ung
      er teil en             an telephon ier en
      Er teil ung        zurück telephon ier en
   Gegen teil     NN
   gegen teil ig         Unter temperatur        NF
   Hinter teil    NN  S
      mit teil en          zer tepper n            S
      mit teil sam
      Mit teil sam keit      Ober tertia        NF
      Mit teil ung           Ober tertia ner
      Nach teil    NM        Ober tertia nerin
      nach teil ig           Unter tertia        NF
      Ober teil    NM        Unter tertia ner
      un teil bar            Unter tertia nerin
```

```
    an test ier en                      sich aus toll en
                                         her um toll en
     be teuer n
     Be teuer ung                       über'tölp el n
  Über'teuer n                           UEber tölp el ung
  UEber teuer ung
   ver teuer n                             ab tön en
   Ver teuer ung                           be ton en
                                           be ton t
     ab teuf en            T               Be ton ung
                                           er tön en
    Erz teufel      NM                    Miss ton        NM
    ver teufel t            S             miss tön en
                                          mit tön en
     Ur text        NM                   nach tön en
Zwischen text       NM   F              neben ton ig
                                         Ober tön e            NP
    ent thron en                        über'tön en
    Ent thron ung                       Unter ton       NM
                                          ver ton en
    aus tief en                           Ver ton ung
     un tief         A                   voll tön end
     Un tief e                         weiter tön en
     Ur tief e                         Wider ton        NM
    ver tief en                       her auf tön en
sich ver tief en                      her aus tön en
    Ver tief ung                        un be ton t
     zu tief st      AV             her über tön en
                                    hin über tön en
     Ge tier     NN
     Un tier     NN                      aus tonn en
     Ur tier chen      NN                 be tonn en
    ver tier en                           Be tonn ung
    ver tier en                          ein tonn en

     ge tiger t                          auf topp en            N

    aus tilg en                           be tör en
     un tilg bar
    ver tilg en                          ver torf en
    Ver tilg ung                         Ver torf ung

     ab tipp en          S               Ge tös e        NN
     an tipp en                          Ge tos e        NN
sich ver tipp en
                                          ab töt en
    auf tisch en                          Ab töt ung
   Nach tisch        NM                    er töt en              P
  Neben tisch        NM                    Er töt ung             P

     be titel n                       nieder tour ig             T
     Be titel ung
  Neben titel        NM                   an trab en
  Unter titel        NM                  Nach trab        NM
                                         nach trab en
    aus tob en                           Vor trab        NM
sich aus tob en                           zu trab en
  durch'tob en
     Ge tob e        NN   S               Be tracht       NF
                                          be tracht en
    ver toback en          S              Be tracht er
                                          be trächt lich
```

```
Be tracht ung
Ein tracht        NF
ein trächt ig
Ein trächt ig keit
ein trächt ig lich        A
Nieder tracht        NF
nieder trächt ig
Nieder trächt ig keit
An be tracht        NM
un be trächt lich
be ein trächt ig en
Be ein trächt ig ung

    ver track t        S

    Ab trag        NM
    ab trag en
    ab träg lich
    Ab trag ung        T
    An trag        NM
    an trag en
    Auf trag        NM
    auf trag en
    Aus trag        NM
    aus trag en
    Aus· träg er
    Aus träg erei en        NP
    Aus träg ler
    Aus trag ung
    Be trag en        NN
    be trag en
sich be trag en
    Bei trag        NM
    bei trag en
    Bei träg er
    Ein trag        NM
    ein trag en
    ein träg lich
    Ein träg lich keit
    Ein trag ung
    Er trag        NM
    er trag bar
    er trag en
    er träg lich
    Er träg nis
    fort trag en
    ge trag en        A
    Ge trag en heit
    her trag en        S
    hin trag en
    mit trag en
    Nach trag        NM
    nach trag en
    nach träg er isch
    nach träg lich
    Nach träg lich keit
    UEber trag        NM
    über trag bar
    UEber trag bar keit
    über'trag en
    UEber träg er
    UEber trag er

    UEber trag ung
    un trag bar
    Un trag bar keit
    Ver trag        NM
    ver trag en
sich ver trag en
    Ver träg er        CH
    ver träg lich
    ver trag lich
    Ver träg lich keit
    Vor trag        NM
    vor trag en
    weit trag end
    zu trag en
    sich zu trag en
    Zu träg er
    Zu träg erei
    zu träg lich
    Zu träg lich keit
    zurück trag en
    zusammen trag en
    Zwischen träg er
    be an trag en
Gegen an trag        NM
    her an trag en
    be auf trag en
    Be auf trag te
    Be auf trag ung
    her auf trag en
    hin auf trag en
    her aus trag en
    hin aus trag en
    her bei trag en
    her ein trag en
    hin ein trag en
    un er träg lich
    ab ge trag en        A
    ent gegen trag en
    her über trag en
    hin über trag en
    un über trag bar
    her um trag en
    her unter trag en
    hin unter trag en
    un ver träg lich
    Un ver träg lich keit
    da von trag en
    un zu träg lich
    Un zu träg lich keit

    'über train ier en
    un train ier t

    TRAMPEL: siehe TRAPP EL
nieder trampel n
  zer trampel n

    be trän t

durch'tränk en
Durch tränk ung
  ein tränk en
```

er	tränk	en	
Er	tränk	ung	
Ge	tränk	NN	

Rück transport   NM

Ge trapp el   NN

Ge tratsch   NN S

an	trau	en	
be	trau	en	
Fern	trau	ung	
sich ge	trau	en	
miss	trau	en	
Miss	trau	en	NN
miss	trau	isch	
ver	trau	en	
Ver	trau	en	NN
ver	trau	en s voll	
ver	trau	lich	
Ver	trau	lich keit	
ver	trau	t	
Ver	trau	t heit	
Zu	trau	en	NN
zu	trau	en	
zu	trau	lich	
Zu	trau	lich keit	
an ver	trau	en	

aus trauer n
be trauer n
nach trauer n
ver trauer n

ab träuf el n
auf träuf el n
be träuf el n
ein träuf el n

aus träum en
er träum en
ver träum en
Ver träum t heit

an treff en
auf treff en
be treff   P C
Be treff   NM C
be treff en
Be treff ende
be treff s   P C
ein treff en
Hinter treff en   NN
über' treff en
Voll treff er
vor treff lich
Vor treff lich keit
zu treff en
Zu treff endes   NN
zusammen treff en
Zusammen treff en   NN

An be treff   NM A
an be treff en
in be treff   P C
vor bei treff en
un über treff lich
Un über treff lich keit
un zu treff end
auf ein ander treff en

ab treib en
ab treib end
Ab treib ung
an treib en
An treib er
auf treib en
aus treib en
Aus treib ung
be treib en
Be treib ung
bei treib en
'durch treib en
ein treib bar
ein treib en
fort treib en
her treib en
hin treib en
hinter treib en
Hinter treib ung
über' treib en
UEber treib ung
'um treib en
unter' treib en
Unter treib ung
ver treib en
Ver treib ung
vor treib en
weg treib en
zu treib en
zurück treib en
zusammen treib en
hin ab treib en
her auf treib en   S
hin auf treib en
hin aus treib en
hin ein treib en
ent gegen treib en
um 'her treib en
hin über treib en
sich her um treib en
Her um treib er
hin unter treib en
aus ein ander treib en

TREID: siehe TRAG
Ge treid e   NN
Hinter ge treid e

ab trenn bar
ab trenn en
sich ab trenn en
Ab trenn ung
auf trenn en

```
    'durch trenn en                          ge treu        A
       los trenn en                          Ge treu er
        un trenn bar                         ge treu lich
        Un trenn bar keit                    un treu        A
       zer trenn en                          Un treu e
    un zer trenn bar                      un ge treu        A    P
    Un zer trenn bar keit                ver un treu en
    un zer trenn lich                    Ver un treu ung
    Un zer trenn lich e        NP
    Un zer trenn lich keit                  ein trichter n

  Hinter trepp e                                      TRIEB: siehe TREIB
                                          Ab trieb        NM
        be tress en                       An trieb        NM
                                          Auf trieb       NM
        ab tret bar                       Be trieb        NM
        ab tret en                        be trieb lich
        Ab tret er                        be trieb sam
        Ab tret ung                       Be trieb sam keit
        an tret en                     durch trieb en        A
        auf tret en                    Durch trieb en heit
        aus tret en                       Ge trieb e        NN
        be tret en                      über trieb en        A
        be tret en        A            UEber trieb en heit
        Be tret en heit                   Um trieb        NM
       bei tret en                        Ur trieb        NM
    'durch tret en                       Ver trieb        NM
       ein tret en                       Vor trieb        NM
       hin tret en                    ab ge trieb en        A
    nieder tret en
     über'tret en                       ab trief en
    'über tret en
    UEber tret er                                       TRIFT: siehe TREIB
    UEber tret ung                       Ab trift        NF   N
    'unter tret en
       ver tret bar                      ver trimm en              S
       ver tret en
       Ver tret er                       ab trink en
       Ver tret ung                      an trink en
       vor tret en                      aus trink en
       weg tret en                      Aus trink et       NM   CH
       zer tret en                 sich be trink en
    zurück tret en                       Er trink en       NN
  zusammen tret en                       er trink en
    her an tret en                      mit trink en
    her aus tret en                      un trink bar
    hin aus tret en                     ver trink en
    un be tret en        A               zu trink en
    her ein tret en
    hin ein tret en                      Ge trippel       NN
 wieder 'ein tret en
    aus ge tret en        A                            TRITT: siehe TRET
  ent gegen tret en                       Ab tritt        NM
  gegen über tret en                      An tritt        NM
    her um tret en        S               Auf tritt       NM
    her vor tret en                      Aus tritt        NM
    hin zu tret en                       Bei tritt        NM
 da zwischen tret en                      Ein tritt       NM
                                          Hin tritt       NM   A
        be treu en                       Rück tritt       NM
        Be treu er                      UEber tritt       NM
        Be treu ung                      Vor tritt        NM
```

Zu tritt	NM	
Zusammen tritt	NM	
Wieder ein tritt	NM	

ab trock n en		
auf trock n en		
aus trock n en		
ein trock n en		
ver trock n en		
zusammen trock n en		

ver tröhdel n		
her um tröhdel n	S	

TROFF: siehe TREFF

be troff en	A	
Be troff en heit		
un über troff en	A	

aus trommel n		
zusammen trommel n		
her aus trommel n	S	

aus trompet en

ab tropf en		
her ab tropf en		
her aus tropf en		
her ein tropf en		
hin ein tropf en		
ab tröpf el n		
ein tröpf el n		
her ab tröpf el n		
her aus tröpf el n		

ge trost	A	
sich ge tröst en	P	
un tröst bar		
un tröst lich		
ver tröst en		

ver trottel n   S

ab trotz en		
er trotz en		

be trüb en		
be trüb lich		
Be trüb nis		
Be trüb t heit		
sich ein trüb en		
Ein trüb ung		
un ge trüb t		

Erz truch-sess   NM   A

ab trudel n	T	
ein trudel n	S	

Be trug	NM	
be trüg en		
Be trüg er		

Be trüg erei		
be trüg er isch		
un trüg lich		

ent trümmer n		
Ent trümmer ung		
zer trümmer n		
Zer trümmer ung		

ab trumpf en		
auf trumpf en		
über'trumpf en		

TRUNK: siehe TRINK

be trunk en	A	
Be trunk ene		
Be trunk en heit		
Um trunk	NM	
voll trunk en	A	
Voll trunk en heit		
Zu trunk	NM	
an ge trunk en	A	

TRUNN: siehe TRENN

ab trünn ig

Nach trupp	NM	
Vor trupp	NM	

ver trust en		
Ver trust ung		

ab tu n		
An tu n		
auf tu n		
sich auf tu n		
be tu lich		
sich be tu n	EG	
dar tu n		
Ge tu e	NN	
hin tu n	S	
mit tu n		
nach tu n		
'über tu n	S	
sich über'tu n	S	
'um tu n	S	
sich 'um tu n	S	
un tu n lich		
ver tu n		
sich ver tu n		
weg tu n		
zu tu lich		
Zu tu lich keit		
Zu tu n		
zu tu n		
sich zu tu n	A	
zu tu n lich		
Zu tu n lich keit		
zurück tu n		
zusammen tu n		
sich zusammen tu n		
hin auf tu n	S	

---

her aus tu n		S		Aus üb ung		
hin aus tu n				ein üb en		
hin ein tu n				Ein üb ung		
hin über tu n		S		ge üb t		
her um tu n		SG		Ge üb t heit		
sich her vor tu n		S		un üb lich		
zu vor tu n				ver üb en		
da zu tu n				Vor üb ung		
hin zu tu n		S		un ge üb t		
Für tuch	NN	UG		ver übel n		
un tücht ig				dar über		AV
er tücht ig en				gegen über		P
Er tücht ig ung				her über		AV
				hin über		AV
aus tüft el n				vor über		AV
				da hin über		AV
un tug end				er üb r ig en		
				sich er üb r ig en		
1 ur tüm lich						
1 Ur tüm lich keit				aus ufer n		
2 Un ge tüm	NN			an ulk en		S
				ver ulk en		S
Ge tümm el	NN					
sich her um tumm el n				dar um		AV
				her um		AV
be tünch en				wieder um		AV
über'tünch en				hin wieder um		C
UEber tünch ung				hin wieder um		AV
TUNK: siehe TAUCH				dar unter		AV
ein tunk en				her unter		AV
				hin unter		AV
unter'tunnel n				mit unter		AV
Unter tunnel ung				zu unter st		AV
				da hin unter		AV
ab tupf en						
aus tupf en				ver uz en		S
be tupf en						
				Neben valenz en		NP
Hinter tür	NF					
Neben tür	NF			Erz vater	NM	
Vorder tür	NF			Ur vater	NM	
				Vor väter	NP	
auf türm en						
				Ge vatter	NM	A
vor turn en				Ge vatter in		
Vor turn er				Ge vatter schaft		
her um turn en		S				
				sich an vetter n		
aus tusch en				be vetter n		
ver tusch en						
				Ur vieh	NN	S
ver tüter n		NG				
				zu viel	PN	
Ur typ	NM			Zu viel	NN	
Erz tyrann	NM			ver viel-fach en		
				Ver viel-fach ung		
aus üb en						

```
        ver viel-fält ig en        1           Er wachs ene
        Ver viel-fält ig ung       1           Ge wächs      NN
                                    1           ge wachs en        A
          ab vier en        T       1        Miss wachs      NM
          Ge vier t     NN          1        miss wachs en        A
          ge vier t      A          1        nach wachs en
                                    1          um'wachs en
          ge vier-teil t            1         ver wachs en
                                    1         Ver wachs ung
     Hinter vier-tel     NN  S      1          Zu wachs      NM
                                    1          zu wachs en
        Ur vogel      NM            1     zusammen wachs en
                                    1     Zusammen wachs ung
        Ur volk      NN             1       her an wachs en
        be völk er n                1      hin auf wachs en
        Be völk er ung              1      her aus wachs en
        ent völk er n               1      hin aus wachs en
        Ent völk er ung             1      hin ein wachs en
      über'völk er n                1      aus ge wachs en      A
      UEber völk er ung             1     miss ge wachs en      A
      Ur be völk er ung             1     her über wachs en
                                    1     hin über wachs en
        über voll      A
                                    2         ein wachs en
          be vor     C              2         ver wachs en
          da vor     AV
          her vor    AV             1        über wächt et
          vor vor ig    AV  S
          zu vor     AV             2           WACHT: siehe WACH
                                    2     Bei wacht      NF
          zu vorder st     AV
          zu vorder st     AV            Ge wackel      NN
                                         ver wackel n
        Ein waag e
        Zu waag e        AU            Ge waff      NN  H
                                       Ge waff en       NN  P
          WACH: siehe WECK            be waff n en
        auf wach en                  Be waff n ete
        be wach en                   Be waff n ung
        Be wach ung                  ent waff n en
      durch'wach en                  Ent waff n ung
        er wach en                   un be waff n et
        über wach      A
      über'wach en                      WAG: siehe WAAG
      UEber wach ung               ab wäg en
      un be wach t                  ab wäg sam
    'wieder er wach en              aus wäg en
                                sich 'durch wag en        S
   1        An wachs     NM          er wäg en
   1        an wachs en              Er wäg ung
   1        An wachs ung             ge wag t
   1        auf wachs en             Ge wag t heit
   1        aus wachs en         sich hin wag en        S
   1        Aus wachs ung           un wäg bar
   1        be wachs en             Un wäg bar keit
   1        Be wachs ung        sich vor wag en
   1      'durch wachs en      sich her an wag en
   1      durch'wachs en       sich her aus wag en
   1        ein wachs en       sich hin aus wag en        S
   1        ent wachs en       sich her ein wag en        S
   1        er wachs en     A  sich hin ein wag en
   1        er wachs en        sich her vor wag en
```

Bei	wagen	NM	
Vorder	wagen	NM	
Aus	wahl	NF	
aus	wähl en		
'durch	wähl en		T
er	wähl en		
Fern	wahl	NF	T
Nach	wahl	NF	
Ur	wahl	NF	
Ur	wähl er		
Vor	wahl	NF	
vor	wähl en		
Wieder	wahl	NF	
'wieder	wähl en		
aus er	wähl en		
er	wähn en		
Er	wähn ung		

1	für	wahr	AV	
1	ge	währ en		
1	un	wahr	A	
1	un	wahr haft ig		
1	Un	wahr haft ig keit		
1	Un	wahr heit		
1	sich be	wahr heit en		
1	ver	wahr los en		
1	Ver	wahr los ung		
2	be	wahr en		
2	Be	wahr er		
2	Be	wahr ung		
2	er	wahr en		CH
2	ge	wahr	A	
2	ge	wahr en		
2	Ge	wahr sam	NM	
2	Ver	wahr	NM	
2	ver	wahr en		
2	Ver	wahr ung		
2	auf be	wahr en		
2	Auf be	wahr ung		
3	sich be	währ en		
3	Be	währ t heit		
3	Be	währ ung		
3	fort	währ en		
3	fort	währ end	AV	
3	Ge	währ	NF	
3	Ge	währ ung		
3	Nach	währ schaft		CH

un	wahr-schein lich	
Un	wahr-schein lich keit	
ver	wais en	
Ver	wais ung	
Voll	wais e	NM
be	wald en	
Be	wald ung	
ent	wald en	

Ent	wald ung		
Hinter	wäld ler		
hinter	wäld ler isch		
Nieder	wald	NM	
Ur	wald	NM	
aus	walk en		
'durch	walk en		
ver	walk en		S
auf	wall en		
Auf	wall ung		
aus	wall en		CH
'über	wall en		
um'	wall en		
Um	wall ung		
ge	walm t		
An	walt	NM	
An	wält in		
An	walt schaft		
Ge	walt	NF	
ge	walt ig		
ge	walt sam		
ver	walt en		
Ver	walt er		
Ver	walt ung		
vor	walt en		
Ur ge	walt	NF	
be	wält ig en		
Be	wält ig ung		
ge	wält ig en		T
über'	wält ig en		
UEber	wält ig ung		
un be	wält ig t		
ver ge	walt ig en		
Ver ge	walt ig ung		
ab	wälz en		
aus	walz en		
fort	wälz en		
sich fort	wälz en		
'um	wälz en		
Um	wälz ung		
sich her um	wälz en		
'durch	wams en		S
ver	wams en		S

1	Ge	wänd e	NN	
1	Vor	wand	NF	
1	Zwischen	wand	NF	
2		WAND: siehe WEND		
2	An	wand	NF	
2	Auf	wand	NM	
2	Aussen	wand	NF	
2	be	wand t		
2	Be	wand t nis		
2	Ein	wand	NM	
2	Ge	wand	NN	P

2	ge wand t			
2	Ge wand t heit			
2	Ge wand ung			
2	Rück wand	NF		
2	ver wand t	A		
2	Ver wand te			
2	Ver wand t schaft			
2	ver wand t schaft lich			
2	an ge wand t			
2	un ge wand t			
2	Un ge wand t heit			
2	Unter ge wand	NN		
2	zu ge wand t			
2	Zu ge wand te			
2	an ver wand t	A		
2	An ver wand te			
2	An ver wand t schaft			
2	un ver wand t			
2	ur ver wand t	A		
2	Ur ver wand t schaft			

WANDEL: siehe WEND

ab wandel en
Ab wandel ung
an wandel n
um wandel bar
um'wandel n
'um wandel n
um'wandel n   P
un wandel bar
Un wandel bar keit
ver wandel n
An wand l ung
Um wand l ung
Ver wand l ung

WANDER: siehe WEND

ab wander n
Ab wander ung
Aus wander er
aus wander n
Aus wander ung
be wander n
be wander t
durch'wander n
Ein wander er
ein wander n
Ein wander ung
er wander n
Er wander ung
Rück wander er
rück wander n
Rück wander ung
unter'wander n
Unter wander ung
Zu wander er
zu wander n
Zu wander ung
zurück wander n
un be wander t
um 'her wander n
her um wander n

zu wank en

Ge wann   NN

ver wanz t   S

Ab wärm e
an wärm en
auf wärm en
aus wärm en
durch'wärm en
sich 'durch wärm en
er wärm en
er warm en   A
sich er wärm en
Er warm ung
Er wärm ung
vor wärm en
Vor wärm er

ent warn en
Ent warn ung
ver warn en
Ver warn ung
Vor warn ung

1	ab wart en		
1	ab wart end		
1	An wärt er		
1	An wart schaft		
1	auf wart en		
1	Auf wärt er		
1	Auf wärt erin		
1	Auf wart ung		
1	Bei wart	NM	
1	er wart en		
1	Er wart en	NN	
1	Er wart ung		
1	ge wärt ig		
1	zu wart en	.	S
1	un er wart et		
2	ab wärt s	AV	
2	auf wärt s	AV	
2	aus wärt ig		
2	Aus wärt ig e		
2	aus wärt s	AV	
2	ein wärt s	AV	
2	Gegen wart	NF	
2	gegen wärt ig	AV	
2	her wärt s	AV	
2	hin wärt s	AV	
2	hinter wärt s	AV	
2	in wärt s	AV	
2	nieder wärt s	AV	
2	rück wärt ig		
2	rück wärt s	AV	
2	unter wärt s	AV	
2	vor wärt s	AV	
2	weg wärt s		
2	wider wärt ig		
2	Wider wärt ig keit		

```
2        ge wärt ig en                           auf weck en
2ver gegen wärt ig en                            ein weck en
2Ver gegen wärt ig ung                            er weck en
                                                  Er weck ung
       Ab wasch      NM                           ge weck t
       ab wasch en                                Ge weck t heit
       Ab wasch ung                           auf er weck en
       Auf wasch      NM                       Auf er weck ung
       auf wasch en                          'wieder er weck en
       aus wasch en                           Wieder er weck ung
  sich aus wasch en                              auf ge weck t
       Aus wasch ung                             Auf ge weck t heit
     'durch wasch en          S
       Ge wäsch      NN  S
    Unter wäsch e                                ent weder      C
    unter'wasch en
    Unter wasch ung                             Ab weg        NM
       ver wasch en                             ab weg ig
       weg wasch en                             Ab weg ig keit
   her aus wasch en                             ab weg sam
    un ge wasch en      A                       Aus weg        NM
                                                aus weg los
       Ab wasser      NN                        Aus weg los ig keit
       be wässer n                              be weg bar
       Be wässer ung                            be weg en
       ein wässer n                        sich be weg en
       ent wässer n                             be weg lich
       Ent wässer ung                           Be weg lich keit
       Ge wässer      NN                        Be weg t heit
     Ober wasser      NN                        Be weg ung
    Unter wasser      NN                        be weg ung s los
       ver wässer n                             Be weg ung s los ig keit
       Ver wässer ung                        durch weg s      AV
                                                Her weg        NM
                                                Hin weg        NM
    durch'wat en                                hin weg        AV
    'durch wat en                             Neben weg        NM
                                               Rück weg        NM
     aus watt ier en                             Um weg        NM
                                                 un weg sam
    'durch web en                                Un weg sam keit
    durch'web en                              unter weg en      AV   A
       ein web en                             unter weg s       AV
       Ge web e        NN  T                    ver weg en       A
       um'web en                               Ver weg en heit
       ver web en                              Vor weg        NM
   hin ein web en                               zu weg e        AV
                                              fort be weg en
       ab wechsel end                         Fort be weg ung
       ab wechsel n                          Gegen be weg ung
       aus wechsel bar                        Rück be weg ung
       aus wechsel n                            un be weg lich
       Aus wechsel ung                          Un be weg lich keit
       ein wechsel n                            un be weg t
       Ein wechsel ung                       zurück be weg en
       Rück wechsel      NM                      un ent weg t        AV
      'um wechsel n                      sich her auf be weg en
       ver wechsel n                     sich hin auf be weg en
   un ver wechsel bar                         hin aus be weg en
       Ab wechs l ung                    sich hin aus be weg en
       Um wechs l ung                         her um be weg en
       Ver wechs l ung                        hin unter be weg en
```

```
        an weh en                          Ent weih ung
     durch'weh en                           Ge weih      NN
    'durch weh en                           ge weih t              H
     Fern weh      NN                    ein ge weih te
     Nach weh en        NP           un ein ge weih t
      'um weh en
      um'weh en                            be weih-räuch er n
     ver weh en                           Be weih-räuch er ung
     Ver weh ung
      zu weh en                         unter weil en      AV   A
  her ein weh en                          ver weil en
  hin ein weh en                     sich ver weil en
                                          zu weil en      AV
     Ab wehr      NF                   un ver weil t
     ab wehr en
     be wehr en                  1        auf wein en
     Be wehr ung                 1   sich aus wein en
  sich er wehr en                1        be wein en
     Ge wehr      NN             1        Be wein ung
  Gegen wehr      NF             1       nach wein en
     ver wehr en                 1        ver wein t
  un be wehr t
  un ver wehr t                  2       Nach wein      NM

  sich be weib en        S              ab weis en
     un weib lich                       Ab weis ung
     Un weib lich keit                  an weis en
  un be weib t           S              An weis ung
                                       auf weis en
1      ab weich en                     Aus weis      NM
1      auf weich en                    aus weis en
1     'durch weich en           sich aus weis en
1      durch'weich en                  Aus weis ung
1      ein weich en                    be weis bar
1      er weich bar                    Be weis bar keit
1      er weich en                     be weis en
1      er weich end                    ein weis en
1      Er weich ung                    Ein weis ung
1      ver weich lich en                Er weis      NM
1      Ver weich lich ung              er weis en
                                  sich er weis en
2      ab weich en                      er weis lich
2      ab weich end                     Er weis ung
2      Ab weich ung                    Hin weis      NM
2      Aus weich e                     hin weis en
2      aus weich en                   miss weis en
2      ent weich en                   Miss weis ung
2      Ent weich ung                  Nach weis      NM
2   zurück weich en                   nach weis bar
2   un aus weich lich                 nach weis en
                                      nach weis lich
       ab weid en                     Nach weis ung
      aus weid en                     Über'weis en
   Ein ge weid e         NP           UEber weis ung
                                     unter'weis en
      un weig er lich                 Unter weis ung
      ver weig er n                    Ver weis      NM
      Ver weig er ung                  Ver weis      NM
                                       ver weis en
      ein weih en                      ver weis en
      Ein weih ung                     Ver weis ung
      ent weih en                      Ver weis ung
```

vor	weis	en	
Vor	weis	ung	
zu	weis	en	
Zu	weis	ung	
zurück	weis	en	
Zurück	weis	ung	
un ab	weis	bar	
un ab	weis	lich	
hin auf	weis	en	
hin aus	weis	en	
Gegen be	weis		NM
un be	weis	bar	
rück ver	weis	en	
rück	weise		AV
aus	weiss	en	
nach	weiss	en	
aus	weit	en	
Aus	weit	er	
Aus	weit	ung	
un	weit		P
er	weit	er n	
sich er	weit	er n	
Er	weit	er ung.	
ab	welk	en	
hin	welk	en	
ver	welk	en	
un ver	welk	lich	
Aussen	welt		NF
Innen	welt		NF
Mit	welt		NM
Nach	welt		NF
Ober	welt		NF
UEber	welt		NF
über	welt	lich	
Um	welt		NF
Unter	welt		NF
unter	welt	lich	
Ur	welt		NF
ur	welt	lich	
Vor	welt		NF
vor	welt	lich	
ver	welt	lich en	
Ver	welt	lich ung	
ab	wend	bar	
ab	wend	en	
ab	wend	ig	
an	wend	bar	
An	wend	bar keit	
an	wend	en	
An	wend	ung	
auf	wend	en	
Auf	wend	ung	
aus	wend	ig	AV
be	wend	en	
ein	wend	en	
Ein	wend	ung	

ent	wend	en		
Ent	wend	ung		
Ge	wend	e		NN
hin	wend	en		
in	wend	ig		
über	wend	lich		
'um	wend	en		
ver	wend	bar		
Ver	wend	bar keit		
ver	wend	en		
Ver	wend	ung		
weg	wend	en		
zu	wend	en		
Zu	wend	ung		
un ab	wend	bar		
Un ab	wend	bar keit		
An ge	wend	e		NN
Vor ge	wend	e		NN
zu	wenig		PN	
Zu	wenig		NN	
zu	wenig	st	AV	
ab	werb	en		
Ab	werb	ung		
an	werb	en		
An	werb	ung		
sich be	werb	en		
Be	werb	er		
Be	werb	ung		
Er	werb		NM	
er	werb	en		
Er	werb	er		
er	werb	lich		
er	werb	sam		
er	werb	s los		
Er	werb	s los e		
Er	werb	s los ig keit		
Er	werb	ung		
Ge	werb	e		NN
ge	werb	lich		
um'werb	en			
sich mit be	werb	en		
Mit be	werb	er		
hin	werd	en		S
inne	werd	en		
los	werd	en		
ab	werf	en		
an	werf	en		
auf	werf	en		
aus	werf	en		
Aus	werf	er		
be	werf	en		
Be	werf	ung		
ein	werf	en		
ent	werf	en		
fort	werf	en		
her	werf	en		
hin	werf	en		
nach	werf	en		

```
     nieder werf en                              unter wert ig
     Nieder werf ung                             Unter wert ig keit
      'Über werf en                                ver wert bar
 sich über'werf en                                Ver wert bar keit
      'um werf en              S                   ver wert en
    unter'werf en                                 Ver wert ung
    Unter werf ung                                voll wert ig
      ver werf en                                 Voll wert ig keit
 sich ver werf en                                'Über be wert en
      ver werf lich                               UEber be wert ung
      Ver werf lich keit                         'unter be wert en
      Ver werf ung                                Unter be wert ung
      vor werf en                                 un ver wert bar
      weg werf en
      zer werf en                                  ab wes end
       zu werf en                                  Ab wes ende
    zurück werf en                                 Ab wes en heit
  zusammen werf en                                 An wes en        NN
   hin auf werf en                                 an wes end
   her aus werf en                                 An wes en heit
   hin aus werf en                                ent wes en
   her ein werf en                                Ent wes ung
   hin ein werf en                                 Ge wes e         NN   NG
  her über werf en                               UEber wes en       NN
  hin über werf en                                 Un wes en        NN
    her um werf en                                 un wes ent lich
 her unter werf en                                 Un wes ent lich keit
 hin unter werf en                                 Ur wes en        NN
'durch ein ander werf en                          ver wes en
                                                  Ver wes er        NM
    Aussen werk         NN                         ver wes lich
       Bei werk         NN                         Ver wes lich keit
        Ge werk         NN                         Ver wes ung
        Ge werk e          NN   T              un ver wes lich
        Ge werk schaft                         Un ver wes lich keit
        Ge werk schaft er          NM
        ge werk schaft lich                       Erz wesp e
      Ober werk         NN
     Unter werk         NN                         ver wett en
       Vor werk         NN
    ver ge werk schaft en                           ab wetter n
                                                    an wetter n
        ab wert en                                  Be wetter ung               T
        Ab wert ung                                los wetter n          S
        An wert        NM   AU                      Un wetter         NN
       auf wert en
       Auf wert ung                                 ab wetz en
       aus wert en                                 aus wetz en
       Aus wert ung                              'durch wetz en
        be wert en
        Be wert ung                                WICH: siehe WEICH
       Bei wert        NM                          ver wich en         A
       ent wert en
       Ent wert ung                             'durch wichs en               S
     Gegen wert        NM                           ge wichs t               S
    über'wert en                                   ver wichs en              S
     UEber wert ung                                ver wichs en              S
      'um wert en
       Um wert ung                                 WICHT: siehe WIEG
       Un wert        NM                            Ge wicht        NN
       un wert        A                             Ge wicht        NN   H
       un wert ig                                   ge wicht ig
```

```
        Ge wicht ig keit                          WIES: siehe WEIS
        ge wicht s los                     er wies en        A
        un wicht ig                     un be wies en        A
        Un wicht ig keit                an ge wies en        A
       voll wicht ig
    Gegen ge wicht      NN            Nieder wild      NN
    UEber ge wicht      NN
    Unter ge wicht      NN                ver wild er n
        Ge wicht el       NN  UG           Ver wild er ung

        ab wickel n                           ge will t
        auf wickel n                          Un will e       NM
        aus wickel n                          Un will en        NM
        ein wickel n                          un will ig
        Ein wickel ung                     Wider will e        NM
        ent wickel n                       wider will ig
   sich ent wickel n                         be will ig en
        Ent wickel ung                       Be will ig ung
        um'wickel n                          ein will ig en
        ver wickel n                         Ein will ig ung
   zusammen wickel n
      fort ent wickel n                       un will-komm en      A
        un ent wickel t                       be will-komm n en
    weiter ent wickel n
       her um wickel n          S             un willkür lich
  aus ein ander wickel n
        Ab wick l er                          ab wimm el n        S
        Ab wick l ung                         Ge wimm el      NN
        Ent wick l er                  um 'her wimm el n
        Ent wick l ung                    her um wimm el n        S
        Ver wick l ung
    Rück ent wick l ung       T               Ge wimm er      NN
  Weiter ent wick l ung
                                              be wimpel n
        an wider n
        da wider        AV        1           Ab wind      NM
        er wider n                1           Auf wind      NM
        Er wider ung              1        Gegen wind      NM
        zu wider        P         1         Rück wind      NM
     un er wider t
                                  2           ab wind en
        ge wief t         S       2           auf wind en
                                  2        durch'wind en
        ab wieg en                2        'durch wind en
        auf wieg en               2   sich 'durch wind en
        aus wieg en               2           ent wind en
        ein wieg en               2           Ge wind e      NN
        ge wieg t         S       2           um'wind en
       nach wieg en               2       hin auf wind en
      über'wieg en                2  sich hin auf wind en
      'über wieg en               2  sich her aus wind en
   sich ver wieg en               2           ein wind el n        S
        vor wieg en
                                  3           aus wind en
        WIEGEL: siehe WIEG
        Auf wiegel ei             4           WIND: siehe WINN
        auf wiegel n              4        Über wind bar
        Auf wiegel ung           4        Über'wind en
        Auf wieg l er             4        UEber wind er
        auf wieg l er isch       4        Über wind lich
                                  4        UEber wind ung
        Ge wieh er      NN        4   sich unter'wind en      A
```

```
4    ver wind en
4    un über wind lich
4    Un über wind lich keit
4    un ver wind bar

     ab wink en
     ein wink en
     her wink en       S
     zu wink en
     her an wink en
     her bei wink en

     Aussen winkel    NM
     Gegen winkel     NM
     Innen winkel     NM
     Neben winkel     NM  T

     Ge winn    NM
     ge winn en
     ge winn end
     Ge winn er
     ge winn los
     Ge winn ung
     ab ge winn en
     Neben ge winn    NM
     Rück ge winn ung
     'wieder ge winn en
     Wieder ge winn ung
     Zu ge winn    NM

     Ge wins el    NN

     aus winter n
     Aus winter ung
     durch'winter n
     'durch winter n
     ein winter n
     Nach winter    NM
     nach winter lich
     über'winter n
     UEber winter ung
     Vor winter    NM

     auf wirbel n
     her um wirbel n

     aus wirk en
     sich aus wirk en
     Aus wirk ung
     be wirk en
     durch'wirk en
     ein wirk en
     Ein wirk ung
     er wirk en
     Er wirk ung
     Fern wirk ung          T
     fort wirk en
     Ge wirk e    NN
     Gegen wirk ung
     mit wirk en
     Mit wirk ende    NF
     Mit wirk ung

     nach wirk en
     Nach wirk ung
     Neben wirk ung
     rück wirk end
     Rück wirk ung
     un wirk lich
     Un wirk lich keit
     un wirk sam
     Un wirk sam keit
     ver wirk en
     zurück wirk en
     zusammen wirk en
     Zusammen wirk ung
     da gegen wirk en
     ent gegen wirk en
     un ver wirk lich t
     ver wirk lich en
     Ver wirk lich ung

     ent wirr en
     Ent wirr ung
     Ge wirr    NN
     ver wirr en
     sich ver wirr en
     Ver wirr ung
     un ent wirr bar

     un wirsch    A

     be wirt en
     Be wirt ung
     un wirt lich
     Un wirt lich keit
     Zwischen wirt    NM
     ab wirt schaft en
     be wirt schaft en
     Be wirt schaft en
     Be wirt schaft er
     Be wirt schaft ung
     Frei wirt schaft         NF
     Miss wirt schaft         NF
     un wirt schaft lich
     Un wirt schaft lich keit
     ver wirt schaft en
     ab ge wirt schaft et
     her um wirt schaft en          S

     ab wisch en
     auf wisch en
     aus wisch en
     'durch wisch en
     ent wisch en
     er wisch en    S
     fort wisch en
     ver wisch en
     sich ver wisch en
     weg wisch en
     un ver wisch bar

     ge wiss    A
     Ge wiss en    NN
     ge wiss en haft
     Ge wiss en haft ig keit
```

```
        ge wiss en los        |          inne wohn en
        Ge wiss en los ig keit  1        Neben wohn er      S
        Ge wiss heit          1          um wohn end        S
        ge wiss lich    AV    1          Um wohn er         S
        mit wiss en           1          un wohn lich
        Mit wiss er           1          Mit be wohn er
        Mit wiss er schaft    1          un be wohn bar
        un wiss end           1          un be wohn t
        Un wiss en heit       1          Ur be wohn er
        un wiss en schaft lich  1        Ur ein wohn er
        Un wiss en schaft lich keit
        un wiss en t lich     2          ent wöhn en
        Vor wiss en    NN S   2          Ent wöhn ung
    vor aus wiss en           2          ge wöhn en
      un ge wiss     A        2     sich ge wöhn en
      Un ge wiss heit         2          Ge wohn heit
sich ver ge wiss er n         2          ge wöhn lich
                              2          Ge wöhn lich keit
        aus witter n          2          ge wöhn t
        Ein witter ung        2          ge wohn t
        Ge witter    NN       2          Ge wöhn ung
        ge witter ig          2          ver wöhn en
        ge witter n           2          ver wohn en
        um witter t           2          ver wöhn t
        ver witter n          2          Ver wöhn t heit
        Ver witter ung        2          Ver wöhn ung
      Un ge witter   NN       2       ab ge wöhn en
                              2       Ab ge wöhn ung
        ver witwe t           2       an ge wöhn en
                              2       An ge wohn heit
        ge witz t             2   ausser ge wöhn lich
        Vor witz    NM        2 sich ein ge wöhn en
        vor witz ig           2      Ein ge wöhn ung
        be witz el n          2       un ge wöhn lich    A
        ge witz ig t          2       un ge wöhn lich    AV
                              2       un ge wohn t
        Vor woche    NF
                                         Ge wölb e    NN
                                      über'wölb en
        WOG: siehe WIEG               vor wölb en
        auf wog en                    Vor wölb ung
        ge wog en    A
        Ge wog en heit          sich be wölk en
        um'wog en                    Be wölk ung
                                sich ent wölk en
        un wohl    A                 Ge wölk    NN
                                sich über'wölk en
        Un wohl-sein   NN       sich um'wölk en
1       an wohn en    SG
1       An wohn er            1    'durch woll en    S
1       An wohn er schaft     1     fort woll en     S
1       be wohn bar           1      her woll en     S
1       Be wohn bar keit      1      hin woll en     S
1       be wohn en            1      mit woll en     S
1       Be wohn er            1     nach woll en
1       Be wohn er schaft     1   weiter woll en
1       bei wohn en           1   zurück woll en
1       Bei wohn ung          1  her auf woll en     S
1  sich ein wohn en           1  hin auf woll en     S
1       Ein wohn er           1  her aus woll en     S
1       Ein wohn er schaft    1  hin aus woll en     S
1       In wohn er    A       1  her ein woll en     S
```

1	hin ein woll en	S	
1	un ge woll t		
1	her über woll en	S	
1	hin über woll en	S	
1	hin unter woll en	S	
2	Ge wöll e	NN	

WORB: siehe WERB
er worb en   A

WORF: siehe WERF
ver worf en   A
Ver worf en heit
auf ge worf en   A

WORR: siehe WIRR
Ver worr en   NN

Bei wort   NN
Für wort   NN
für wört lich
Nach wort   NN
Vor wort   NN
be für wort en
Be für wort ung

ab wrack en

aus wring en

WUCHER: siehe WACHS 1
über'wucher n

WUCHS: siehe WACHS 1
An wuchs   NM
Auf wuchs   NM
Aus wuchs   NM
Be wuchs   NM
Miss wuchs   NM
Nach wuchs   NM
ur wüchs ig
Ur wüchs ig keit
Vor wuchs   NM
Zu wuchs   NM   I

auf wühl en
durch'wühl en
sich 'durch wühl en
Ge wühl   NN
'um wühl en
zer wühl en
her um wühl en   S

ver wund bar
Ver wund bar keit
ver wund en
Ver wund ung
un über wund en   A
un um wund en   A
un ver wund bar
Un ver wund bar keit

un ver wund et
Be wunder er
Be wunder erin
be wunder n
Be wunder ung
ver wunder lich
ver wunder n
Ver wunder ung

er wünsch t
fort wünsch en
ver wunsch en   A
ver wünsch en
Ver wünsch ung
zurück wünsch en
her bei wünsch en
un er wünsch t

un würd ig
Un würd ig keit
ent würd ig en
Ent würd ig ung
her ab würd ig en
Her ab würd ig ung

WURF: siehe WERF
Ab wurf   NM
An wurf   NM
Auf wurf   NM
Aus wurf   NM
Aus würf ling
Be wurf   NM
Durch wurf   NM
Ein wurf   NM
Ent wurf   NM
UEber wurf   NM
unter würf ig
Unter würf ig keit
Vor wurf   NM
vor wurf s voll
Zer würf nis
Gegen vor wurf   NM
ge würf el t
zusammen würf el n

ab würg en
er würg en
Ge würg e   NN
her aus würg en
hin unter würg en

Ge würm   NN

ver wurst el n   S
her um wurst el n   S

Ge würz   NN
ge würz ig

an wurzel n
ein wurzel n

ent wurzel n	Er zähl ung	
Ent wurzel ung	her zähl en	
ver wurzel n	hin zähl en	
Ver wurzel ung	mit zähl en	
ein ge wurzel t	nach zähl en	
	nach zahl en	
WUSS: siehe WISS	Nach zahl ung	
be wuss t	Nach zähl ung	
Be wuss t heit	rück zahl bar	
be wuss t los	Rück zahl ung	
Be wuss t los ig keit	UEber zahl	NF
un be wuss t	'Über zähl en	
unter be wuss t A	über'zähl en	
	über zähl ig	
Ober be wuss t-sein NM	Un zahl	NF
Unter be wuss t-sein NN	un zähl bar	
	un zähl ig	
ver wüst en	sich ver zähl en	
Ver wüst ung	voll zähl ig	
un ver wüst lich	Voll zähl ig keit	
Un ver wüst lich keit	vor zähl en	
	weiter zahl en	
aus wüt en	zu zähl en	
sich aus wüt en	zu zahl en	
	Zu zahl ung	
aus zack en	zurück zahl en	
ge zack t	zusammen zähl en	
	Zwischen zähl er	
ver zag en	vor aus zahl en	
Ver zag t heit	Vor aus zahl ung	
un ver zag t	ab be zahl en	
Un ver zag t heit	Ab be zahl ung	
	aus be zahl en S	
Ge zäh e NN	nach be zahl en	
	Nach be zahl ung	
ab zähl en	un be zahl bar	
ab zahl en	un be zahl t	
Ab zahl ung	nach er zähl en	
An zahl NF	Nach er zähl ung	
an zähl en	vor er zähl en	
an zahl en	weiter er zähl en	
An zahl ung	'wieder er zähl en	
auf zähl en	un ge zähl t	
Auf zähl ung	un voll zähl ig	
aus zahl en	Un voll zähl ig keit	
aus zähl en	hin zu zähl en	
Aus zähl ung	vor aus be zahl en	
Aus zahl ung	Vor aus be zahl ung	
be zahl bar		
be zahl en	be zähm bar	
Be zahl er	be zähm en	
Be zahl ung	Be zähm ung	
Bei zahl NF	un zähm bar	
bei zähl en	Un zähm bar keit	
'durch zähl en	un be zähm bar	
Durch zähl ung	un ge zähm t	
ein zahl en		
Ein zahl er	aus zahn en	
Ein zahl ung	Unter zahn NM	
er zähl en	ver zahn en	
Er zähl er	Ver zahn ung	
er zähl er isch	ge zähn el t	

aus zank en		
Ge zänk	NN	
Ge zank e	NN	
sich ver zank en		
sich her um zank en	S	
ab zapf en		
an zapf en		
An zapf ung		
ver zapf en		
Ver zapf ung		
Ge zapp el	NN	
un zart	A	
Un zart heit		
ver zärt el n		
Ver zärt el ung		
an zauber n		
be zauber n		
be zauber nd		
Be zauber ung		
ent zauber n		
Ent zauber ung		
Gegen zauber	NM	
her zauber n		
hin zauber n		
ver zauber n		
Ver zauber ung		
vor zauber n		
weg zauber n		
her vor zauber n		
ab zäum en		
auf zäum en		
ab zäun en		
Ab zäun ung		
ein zäun en		
Ein zäun ung		
um'zäun en		
Um zäun ung		
ver zäun en		
Ver zäun ung		
zer zaus en		
sich an zech en		
sich be zech en		
Be zech t heit		
durch'zech en		
'durch zech en	S	
ab zehr en		
ab zehr end		
Ab zehr ung		
auf zehr en		
Auf zehr ung		
aus zehr en		
Aus zehr ung	A	
Ver zehr	NM	

ver zehr en		
sich ver zehr en		
Ab zeich en	NN	
an zeich en		
Gegen zeich en	NN	
Ver zeich nis		
vor zeich en		
ab zeich n en		
an zeich n en		
auf zeich n en		
Auf zeich n ung		
aus zeich n en		
sich aus zeich n en		
Aus zeich n ung		
be zeich n en		
be zeich n end		
Be zeich n ung		
'durch zeich n en		
ein zeich n en		
Ein zeich n ung		
ge zeich n et		
gegen zeich n en		
Gegen zeich n ung		
nach zeich n en		
Nach zeich n ung		
über'zeich n en		
'um zeich n en		
Um zeich n ung		
unter'zeich n en		
Unter zeich n er		
Unter zeich n ete		
Unter zeich n ung		
ver zeich n en		
Ver zeich n ung		
'voll zeich n en		
vor zeich n en		
Vor zeich n ung		
vor be zeich n et		
aus ge zeich n et		
mit unter zeich n en		
An zeig e		
an zeig en		
auf zeig en		
be zeig en		
Be zeig ung		
er zeig en		
her zeig en		
hin zeig en		
ver zeig en		CH
vor zeig en		
Vor zeig ung		
Gegen an zeig e		T
Vor an zeig e		
an ge zeig t		
ver zeih en		
ver zeih lich		
Ver zeih ung		
un ver zeih bar		
un ver zeih lich		

```
bei zeit en                          an zieh end
Ge zeit en          NP               An zieh ung
Nach zeit ig keit        G           auf zieh en
Un zeit          NF              sich auf zieh en
Ur zeit          NF                  aus zieh bar
Vor zeit          NF                 aus zieh en
vor zeit en        AV  P             be zieh bar
vor zeit ig                          be zieh en
Vor zeit ig keit                sich be zieh en
vor zeit lich                        be zieh en t lich      P
zu zeit en         AV                Be zieh er
Zwischen zeit        NF              Be zieh ung
                                     bei zieh en
Ur zell e            T            durch'zieh en
                                    'durch zieh en
Vor zensur         NF             Durch zieh er
                                     ein zieh bar
ent zerr en                          ein zieh en
Ent zerr er                          Ein zieh ung
Ent zerr ung                         ent zieh en
fort zerr en                    sich ent zieh en
Ge zerr e         NN  S               Ent zieh ung
ver zerr en                          er zieh bar
Ver zerr ung                         er zieh en
her aus zerr en                      Er zieh er
her ein zerr en                      Er zieh erin
her um zerr en            S           er zieh er isch
                                     er zieh lich
Ge zeter         NN                  Er zieh ung
                                     fort zieh en
an zettel n                          her zieh en
be zettel n                          hin zieh en
Nach zettel       NM  A          'hinter zieh en              S
ver zettel n                     hinter'zieh en
Ver zettel ung                   Hinter zieh ung
                                     los zieh en                  S
    ZEUG: siehe ZIEH                 mit zieh en
be zeug en                          nach zieh en
Be zeug ung                          Rück zieh er              S
er zeug en                         'über zieh en
Er zeug er                          über'zieh en
Er zeug nis                        UEber zieh er
Er zeug ung                         'um zieh en
über'zeug en                    sich um'zieh en
UEber zeug ung                     'unter zieh en
Unter zeug        NN  S           unter'zieh en
Ur zeug ung                          ver zieh en
Neben er zeug nis               sich ver zieh en
'wieder er zeug en                   voll zieh bar
Wieder er zeug ung                   Voll zieh bar keit
                                     voll'zieh en
    ZICHT: siehe ZEIH             Voll zieh er
Ver zicht         NM             Voll zieh ung
ver zicht en                         vor zieh en
be zicht ig en                       weg zieh en
Be zicht ig ung                      zu zieh en
                                     zurück zieh en
Ge ziefer        NN  A         sich zurück zieh en
Un ge ziefer       NN                zusammen zieh bar
                                     zusammen zieh en
ab zieh en                   sich zusammen zieh en
an zieh en                        Zusammen zieh ung
```

```
her ab zieh en                        um'zing el n
her an zieh en                        Um zing el ung
her auf zieh en
hin auf zieh en                       ver zink en
her aus zieh en                       ver zink en          S
hin aus zieh en                       Ver zink ung
ein be zieh en
her bei zieh en                       ver zinn en
vor bei zieh en                       Ver zinn ung
her ein zieh en
hin ein zieh en                       ver zins bar
an er zieh en                         ver zins en
um 'her zieh en                       sich ver zins en
her über zieh en                      ver zins lich
hin über zieh en                      Ver zins lich keit
dar um zieh en                        Ver zins ung
her um zieh en                        un ver zins lich
sich her um zieh en
her unter zieh en                     Be zirk        NM
hin unter zieh en             Aussen be zirk        NM
da von zieh en
her vor zieh en                       ZIRKEL: siehe ZIRK
hin zu zieh en                        ab zirkel n
Hin zu zieh ung                       aus zirkel n
aus ein ander zieh en
                                      Ge zirp        NN
ab ziel en
er ziel en                            be zirz en          S
Er ziel ung
hin ziel en                           aus zisch en
rück ziel end       G                 Ge zisch       NN
                                      Ge zisch el        NN
ge ziem en
sich ge ziem en                       durch'zitter n
ge ziem end                           er zitter n
ge ziem lich        A
un ziem end                           un zivilis ier t
un ziem lich
Un ziem lich keit                     ZOG: siehe ZIEH
                                      Be zog ener
aus zier en                           durch zog en       A  CH
Ge zier e         NN                  ge zog en          A  T
ge zier t                             un er zog en       A
Ge zier t heit                        Un er zog en heit
Un zier de                            ab ge zog en       A
ver zier en                           ein ge zog en      A
Ver zier ung                          Ein ge zog en heit
ver un zier en                        un ge zog en       A
                                      Un ge zog en heit
be ziffer n                    Zurück ge zog en heit
Be ziffer ung                         Erz her zog        NM
ent ziffer bar                        Erz her zog in
Ent ziffer er                         erz her zog lich
ent ziffer n                          Erz her zog tum
Ent ziffer ung                        ver zög er n
                                      Ver zög er ung
Hinter zimmer       NN          hin aus zög er n          S
Neben zimmer        NN
ver zimmer n           T              Nach zoll      NM
Ver zimmer ung         T              Rück zoll      NM
Vor zimmer          NN                ver zoll en
Vorder zimmer       NN                Ver zoll ung
```

---

un ver zoll t			
nach zottel n		S	
ver zottel t			
da zu	AV		
her zu	AV		
hin zu	AV		
Ab zucht	NF		
An zucht	NF		
Auf zucht	NF		
Ge zücht	NN		
In zucht	NF		
Nach zucht	NF		
über'zücht en			
Un zucht	NF		
un zücht ig			
Un zücht ig keit			
in ge zücht et			
durch'zuck en			
Ent zück en	NN		
ent zück en			
ent zück end			
Ent zück ung			
ver zück en			
Ver zück ung			
zurück zuck en			
zusammen zuck en			
nach zuck el n		S	
über'zucker n			
ver zucker n			
Ver zucker ung			
ZUG: siehe ZIEH			
Ab zug	NM		
ab züg lich			
An zug	NM		
an züg lich			
An züg lich keit			
Auf zug	NM		
Aus zug	NM		
Be zug	NM	CH	
Be züg er			
be züg lich			
Durch zug	NM		
Ein zug	NM		
Ein züg er		CH	
Fern zug	NM		
Gegen zug	NM		
Nach zug	NM		
Rück zug	NM		
UEber zug	NM		
Um zug	NM		
Unter zug	NM		
Ver zug	NM		
Voll zug	NM		
Vor zug	NM		
vor züg lich			
Vor züg lich keit			

Weg zug	NM		
Zu zug	NM		
Zu züg er		CH	
zu züg lich		P	
rück be züg lich			G
un ver züg lich			
be vor zug en			
Be vor zug ung			
ZUGEL: siehe ZIEH			
un ge zügel t			
Aus züg l er			
Nach züg l er			
nach züg l er isch			
Zu züg l er			
an zünd en			
An zünd er			
ent zünd bar			
Ent zünd bar keit			
ent zünd en			
sich ent zünd en			
ent zünd lich			
Ent zünd ung			
Fern zünd ung			
Nach zünd ung			
ent zund er n			
un zünft ig			
Ge züng el		NN	
ab zupf en			
auf zupf en			
aus zupf en			
zer zupf en			
er zürn en			
ZWACK: siehe ZWICK			
ab zwack en			
ver zwack t		S	
ZWANG: siehe ZWING			
'durch zwäng en			
ein zwäng en			
hin durch zwäng en			
hin ein zwäng en			
ver zwatz el n			UG
be zweck en			
Neben zweck		NM	
ent zwei	AV		
ent zwei en			
sich ent zwei en			
Ent zwei ung			
un zwei-deut ig			
Un zwei-deut ig keit			

```
        ZWEIFEL: siehe ZWEI
     an zweifel n
     be zweifel n
     un zweifel haft
    ver zweifel n
 un be zweifel bar
    Ver zweif l ung

    Ab zweig      NM
    Ab zweig e
    ab zweig en
    Ab zweig ung
    Ge zweig      NN  P
 Neben zweig      NM
sich ver zweig en
    Ver zweig ung

  über zwerch     AV  UG

    ab zwick en
   ver zwick t            S

    ab zwing en
   auf zwing en
    be zwing bar
    be zwing en
    Be zwing er
    Be zwing ung
    er zwing en
    Er zwing ung
 nieder zwing en
 un be zwing bar
 un be zwing lich

    zu zwink er n

   Ein zwirn ung

    da zwischen     AV
    in zwischen     AV

    Ge zwitsch er     NN

        ZWUNG: siehe ZWING
     be zwung en
     er zwung en      A
     ge zwung en      A
     Ge zwung en heit
  un ge zwung en      A
  Un ge zwung en heit
```

Appendix

Complete list of prefixes

ab	her	um
an	hin	un
auf	hinter	unter
aus	im	ur
aussen	in	ver
ausser	inne	voll
be	innen	von
bei	inner	vor
da	ins	vorder
dar	los	weg
durch	miss	weit
ein	mit	weiter
ent/emp	nach	wider
er	neben	wieder
erz	nieder	zer
fern	ob	zu
fort	ober	zurück
für	rück	zusammen
ge	über	zwischen
gegen	übrig	